論語說

論語說

발행일	2018년 10월 5일			
지은이	김 학 구			
펴낸이	손 형 국			
펴낸곳	(주)북랩			
편집인	선일영	편집	오경진, 권혁신, 최승헌, 최예은, 김경무
디자인	이현수, 김민하, 한수희, 김윤주, 허지혜	제작	박기성, 황동현, 구성우, 정성배
마케팅	김회란, 박진관, 조하라			
출판등록	2004. 12. 1(제2012-000051호)			
주소	서울시 금천구 가산디지털 1로 168, 우림라이온스밸리 B동 B113, 114호			
홈페이지	www.book.co.kr			
전화번호	(02)2026-5777	팩스	(02)2026-5747

ISBN   979-11-6299-350-7 03190

이 도서의 국립중앙도서관 출판예정도서목록(CIP)은 서지정보유통지원시스템 홈페이지(http://seoji.nl.go.kr)와 국가
자료공동목록시스템(http://www.nl.go.kr/kolisnet)에서 이용하실 수 있습니다.
(CIP제어번호: CIP2018030843)

論語說

김학구 지음

북랩 book Lab

차례

學而

爲政

公冶長

學而

學而 1장

子曰 學而時習之 不亦說乎 有朋自遠方來 不亦樂乎 人不知而不慍 不亦君子乎

學而時習之 가령 운동선수는 운동을 한다. 시합에 나가기 위해서이다. 시합은 종별대회 종합대회 때때로 있다. 때때로 습(習)하면 된다. 내게 국내대회는 연습일 뿐이다. 나의 목표는 세계대회이다. 그럼 때에 맞추어 습하면 된다. 그렇게 올림픽에 나가서 금메달을 땄다. 기쁜가? 기쁘다. 나도 또한 기쁘다. 학생은 공부를 한다. 왜 하는가? 시험을 보기 위해서이다. 시험이 없는 공부는 없다. 시험은 모의고사 중간고사 기말고사 때때로 있다. 때때로 습(習)하면 된다. 그리고 때에 맞추어 입학시험, 졸업시험, 연애시험, 결혼시험, 승진시험, 기타 등등. '때때로' '때에 맞추어' 습하면 된다. 기쁜가? 슬프다. 왜? 떨어졌다. 그럼 다시 시(時)를 잡으면 된다.

不亦說乎 습(習)은 연습(練習)의 습(習)이 아니라 습득(習得)의 습(習)이다. 익힐 연(練). 익힐 습(習). 글자가 본시 그런 것이다. 잘 따져 보시라. 습(習)은 익힘의 과정이 아니라 익힘의 완료이고 완성이다. 배움에 어찌 완료가 있겠는가? 그래서 시(時)를 두지 않았는가. 습(習)은 득(得)이다. 설(說)은 말씀 설(說). 역(亦) 이 자에 공자(孔子)가 또한 함께 있는 것이다. 내가 기쁜 것은 하나도 중요하지 않다. 공자를 기쁘게 하여야 한다. 공자는 설(說)하였다. 공자를 기쁘게 하는 것은 나도 또한 설

(說)하는 것이다. 또한 설(說)할 수 있겠는가? 공자가 설(說)한 것을 나도 또한 설(說)할 수 있다. 어떻게? 어떻게는 공자에게 묻는 것이다. 당신은 어떻게 설(說)할 수 있었는가? 누가 설(說)을 허락하였는가? 누가 당신에게 합격(合格)을 주었는가?

有朋自遠方來 붕(朋)은 지(志)의 뜻을 공유(共有)하는 벗이다. 동지(同志)의 의미이다. 유(有)는 소유(所有)의 유(有). 그러니까 이 붕은 공자의 붕이다. 일반적인 그냥 붕이 아니라 공자에게 붕(朋)으로 그 동지(同志)로 있다는 것이다. 중요한 것은 아니지만 유(有)의 의미가 그렇다. 번역에는 공자가 없지만 해석에는 공자를 넣어야 한다. 그럼 보자. 공자가 나의 붕(朋)인가? 솔직히 잘 모르겠다. 내가 아무리 급이 떨어졌기로 공자와 같은 급이겠는가. 부끄럽다. 급이야 맞추면 되는 것이고 내가 서너 수 접어주면 같은 급이다. 공자는 나의 붕(朋)이다. 自遠方來 원(遠)은 영원(永遠)의 원(遠)이다. 원(遠)이 공간으로도 쓰이지만 이 말씀에서는 시간적 개념으로 봐야 한다. 공자와 나의 시간적 거리가 2500년이니 뭐 좀 멀다 할 수도 있겠다. 그냥 그렇다고 하자. 來 이것은 공자가 나를 찾아온 것이다. 나는 공자가 누군지도 몰랐다. 위대한 신들의 사회에서 공자가 누구인지, 물론 적어도 하나는 있겠지만, 진실로 아는 자가 아무도 없다. 공자 정도야 위대한 신들의 사회에서 그냥 무명씨이다. 공자 정도야 그냥 길에 널렸다. 不亦樂乎 '또한 즐겁지 않겠는가?' 이러다가 진짜 공자와 같은 급이 될지도 모른다는 불안감에 오히려 나는 좀 두렵다. 그래도 목구멍이 포도청이라 그냥 즐겁다 하겠다. 공자가 즐겁다면 나는 상관없다.

不亦樂乎 공자에게 붕(朋)은 주공(周公)이다. 주공은 주(周) 문왕(文王)의 아들이고 주(周) 무왕(武王)의 동생이다. 나는 말이 부족하여 옮기지도 못하겠다. 검색하여 찾아보면 된다. 주(周)나라를 실질적으로 건국(建國)한 인물이 바로 이 주공(周公)이다. 그는 왕(王)이 될 수도 있었지만 공(公)으로 남았다. 그의 형인 무왕을 이어 왕이 된다 하여 뭐라 할 사람은 진실로 아무도 없었다. 나의 과장된 표현은 그냥 가려서 보면 된다. 이(利)가 아니라 의(義)로 따지자면 그렇다는 것이다. 당신들이 공부해서 아니라고 하면 내가 뭐라 하지 않는다. 나는 다만 지금 즐겁게 쓰기로 하였다. 지금까지 그 이름이 내려오는 종법(宗法)을 세운 이가 바로 이 주공(周公)이다. 아무튼 그가 아주 훌륭한 인물이었다는 것에 나는 동의하지만 나는 정말 아는 것이 없다. 부끄럽다. 공자의 말씀에 따르자면 주공이 공자의 꿈에서 찾아왔다고 한다. 아마도 그 처음은 공자가 나이 열다섯이었을 것이다. 吾十有五而志于學. 공자는 주공이 찾아와서 즐겁고 나는 공자가 찾아와서 즐겁다. 당신들도 즐거운가? 내가 알기로 이것은 두려움이 맞다. 두려움을 못 느낀다면 먼저 습(習)하심이 옳다.

人不知而不慍 인부지(人不知) 번역하자면 '사람들이 알지 못한다.' 그런데 해석을 바로 이렇게 하면 안 된다. 인간들이 어떤 인간들인데 자기들은 모르겠다고 하겠는가. 다 안다고 한다. 그런데 그 안다고 하는 것이 공자가 보기에는 아는 게 아는 것이 아니라는 얘기이다. 별 거지같은 인간들이 딴에 자애로운 얼굴을 하고 이것이 염화미소라 네 마음이 곧 내 마음이라 아는 척을 한다. 不慍 "성내지 않는다." "노여워하지 않는다." 나는 무식하여 성내다 하면 노(怒) 자밖에 모른다. 그런데 이 온

(慍)은 노(怒)와 글자가 다르다. 그러면 따져봐야 한다. 공연히 글자가 다르겠는가? 따져보니 이 온(慍)은 삐친다는 것이다. "성나거나 못마땅해서 마음이 토라지다." 이 빌어먹을 인간들이 말귀를 못 알아듣는 것이다. 이제 너희들과는 말을 하지 않는다. 아는 척도 하지 마라. 삐치지 말라는 것이다. '삐치지 않는다.' 번역은 이렇게 하지만 해석에 '삐치지 말라'를 꼭 넣어야 한다. 스스로에 이미 '삐치지 말라'를 전제한 후에야 삐치지 않는다가 말이 되는 것이다. 글자에 다 들어있는 내용이다. 不亦君子乎 '또한 군자가 아니겠는가?' 명시적 주어가 없다고 하여 이 글에 주어가 없는 것이 아니다. '나도 또한 군자가 아니겠는가?' 이것은 공자가 주공에게 하는 말이다. '너도 또한 군자가 아니겠는가?' 이것은 공자가 나에게 하는 말이다. 역(亦)에 들어있다. 나는 세 번 사양했다. 나는 잘 삐친다. 삐치면 말 안 한다. 대신 나는 때린다.

不亦君子乎 '나도 또한 군자(君子)인가?' 사실 내가 아는 나는 여기서 글을 마쳐야 한다. 더 이상 할 말이 없다. 두 말하면 잔소리이고 입만 아프다. 그러나 내가 아는 현실적 상황은 그렇게 녹록지 않다. 한 마리의 개구리가 알을 낳기까지 하늘은 백 마리의 올챙이를 똑같이 키워야 한다. 몇몇은 황새 떼가 잡아먹을 것이고 금붕어도 그 몫을 주장할 것이고 동사리, 꺽지, 쏘가리, 배스 이런 것들은 아예 말도 꺼내지 않는다. 잠자리 유충도 그렇고 장구애비까지 입맛을 다시고 있으니 참으로 그 길이 험난하고 험난하다. 최선을 다하자고 말은 해야겠지만 나는 지금까지 나의 최선을 다한 적이 진실로 단 한 번도 없다. 나는 그냥 이 현실이 싫다. 나의 이 꼬락서니도 싫고 아무튼 다 싫다. 이건 내 스타일도 아닌 것이다. 그냥 좀 더 보자.

이 글은 판타지를 포함한다. 글 읽는 이의 주의를 요한다.

學而 2장

有子曰 其爲人也孝弟 而好犯上者 鮮矣 不好犯上 而好作亂者 未之
有也 君子務本 本立而道生 孝弟也者 其爲仁之本與

有子曰 내가 지금 이 학이편을 네 번째 보고 있는 것이다. 처음 나는
내가 이런 걸 두 번 보면 쪽팔린다고 했다. 깨달음이 있었으니 쪽팔림은
잠시일 뿐이다. 일단은 살아야 한다. 처음 볼 때 이 유자(有子)의 자(子)
에 대하여 주목하지 않았다. 솔직하게 못했다. 유자의 자(子)는 공자의
자(子)와 동격이다. 오히려 높다. 해석을 그렇게 해야 한다. 공자를 하느
님 같이 여기는 이가 아직도 있는지는 모르겠지만 이 말씀은 공자의 하
느님의 말씀이다.

其爲人也 '그 사람 되고자 함이다.' 번역도 이렇게 하고 해석도 이렇게
하라.

孝弟而好犯上者 '그 사람 되고자 함이 효(孝) 제(弟)하면서 상(上)을
범(犯)하기를 호(好)하는 자(者).' 나는 말이 부족하여 번역은 못한다. 내
가 글을 배우지 못한 것은 둘째 치고 나는 말도 배우지 못했다. 나는 그
냥 어려서부터 인간들이 싫었다. 친한 인간들이 단 하나도 없었다. 그래
서 내가 말이 부족하다. 그냥 그렇다는 얘기이다. 상(上)은 상제(上帝)
의 상(上)이다. 내가 두 번째인가 세 번째 다시 볼 때 이것을 보았다. 나
는 경계하였고 공자를 다시 보았다. 뭐 그렇다고 다시 보아도 그게 그거

였지만. 학이편만 다시 본 것이지 뒤로는 다시 보지 않았다. 상제(上帝)가 유교의 언어가 아니라고 말하지 말라. 따질 것이 없으니 그렇다면 천(天)으로 바꾸자. 상(上)과 천(天)은 글자가 다르지 않는가? 상은 인물이고 천은 자리이다. 인간들에게 하느님의 인물과 하느님의 그 자리는 동격이다. 인물이 바뀌어도 그 자리는 동일하고 하느님의 그 인물이 바뀌어도 인간들에게 그 자리는 하나도 다르지 않다. 따지자면 그렇다는 것이다. 그래서 이 말씀은 공자의 입이 아니라 유약(有若)의 입을 통하여 말씀한 것이다. 예수의 하느님과 공자의 하느님은 그 인물이 다르지만 하느님의 그 자리는 같다. 따질 것이 없다.

孝 이것은 뒤에 계속 나온다. 弟 이것을 선생들은 공손(恭遜)이라고 번역하였다. 따지자면 아주 틀린 말은 아니나 이렇게 보면 해석이 너무 어렵다. 효(孝)는 효자(孝子)의 효이고 제(弟)는 제자(弟子)의 제이다. 번역은 모르겠지만 해석은 이렇게 하시라.

鮮矣 '명백(明白)하게 없다.' 내가 가장 골 때린 것이 이 선(鮮) 자였다. 내가 좀 많이 무식한 까닭에 선생들이 "드물다" 하기로 그냥 그렇게 보았다. 그런데 이것이 드물어서는 말이 되지 않는 것이다. 이것은 내가 처음 볼 때도 그랬다. 이것이 드물어서는 안 되는데. 그래도 뭐 이것이 내 일도 아니고 그냥 넘어갔다. 물론 약간의 비웃음이 있었다. 그런데 뒤에 어느 부분에서 나를 긴장하게 하였다. 너는 누구냐? 위대한 신들의 향기를 결코 내가 모를 수 없다. 선(鮮)은 완전 부정으로 보아야 한다. 鮮矣 '선명(鮮明)하게 없다.' 의(矣)는 주장을 담는다. 공자의 하느님의 의지로 본다.

不好犯上而好作亂者 이어지는 말씀이다. '상(上)을 범(犯)하기를 호(好)하지 않으면서 난(亂)을 작(作)하기를 호(好)하는 자(者).' 이 말씀이 누구에게 하는 말씀일까? 분명한 것은 지금 이 글을 읽는 당신들에게 하는 말씀은 아니다. 나중은 모르겠으나 지금은 아니다. 지금은 다만 공자에게 하는 말씀이다. 난(亂)을 작(作)하지 말라는 얘기이다. 공자가 난을 작하기로 하였다면 어쩌면 그는 진시황제에 앞서 황제가 되었을지도 모른다. 나는 그것을 부정하지 않는다. 물론 나는 믿지 않는다.

未之有也 '아직 있지 않았다.' 이 거만한 신을 여기서 본다. 거만한 것이 아마도 신들의 속성 중에 하나인 듯싶다. 내가 그 꼴은 못 본다. 말씀으로 유추하자면 난을 작하면 죽이겠다는 것이다. 난을 작하기 전에 이미 다 죽여 버렸기에 아직까지 있지 않았다는 것이다. 나는 그렇게 본다. 아마도 공자가 황제가 되기로 마음먹었다면 공자는 이름을 얻기도 전에 죽었을 것이다. 내가 보기에 그것은 분명하다. 이 거만한 신들은 그러고도 남는다. 공자급 이상에서의 배신은 곧 반역이다. 죽음은 당연하다.

君子務本 '군자(君子)의 무(務)는 본(本)이다.' 무(務)를 동사로 볼 수도 있지만 나는 명사로 본다. 그것이 이해가 쉽다. 무(務)는 임무(任務). 본(本)은 기본(基本)의 본(本)이다. 이것을 근본(根本)으로 보지 말라. 근본을 따지는 것은 대단히 어렵다. 내가 아는 어떠한 군자도 근본을 따지지 않는다. 내가 아는 위대한 신들조차도 이것을 어려워한다. 근본도 없고 근본도 모르는 어리석은 인간들이나 하는 소리이니 이것을 근본으로 보지 말라. 기본으로 충분하고 기본만이라도 좀 충실하길 바란다.

좀 답답한 얘기이다. 나는 잘 삐친다. 애초에 나는 얘기도 안 한다. 이것은 그냥 인간들의 일이다. 어찌 기본(基本)을 모른단 말인가? 답답하다.

本立而道生 '본(本)이 입(立)하면 도(道)가 생(生)한다.' 생(生)이 자생(自生)의 의미이나 내가 자(自)를 쓰는 것은 조심스럽다. 인간의 세계에서 자(自)는 없다. 근본을 따지자면 그렇다는 얘기이다. 아무튼 좀 기본이나 입(立)하시길 바란다. 기본이 입하였다면 저 본을 근본으로 볼 까닭이 없는 것이다. 도(道)가 뭔지는 모르겠다. 그러나 내가 알기로 모든 도(道)는 고도(古道)이다. 다른 새로운 도(道)가 있는지는 나는 모른다. 나는 탐험가도 아니고 모험가도 아니다. '본(本)이 입(立)하면 길이 보인다.' 다른 의미는 없다. 도(道)는 길이다. 도(道)는 길 외에 다른 의미는 전혀 없다.

孝弟也者 효야(孝也) 제야(弟也) 해석은 이렇게 해야 한다. 이것은 이미 효와 제를 습(習)하였다는 것이고 득(得)하였다는 것이다. 인간들이 이것이 효(孝)다 하여 그것이 효(孝)가 되는 것이 아니다. 자(者)는 인(人)으로 봐야 한다. 효(孝)와 제(弟)를 습(習)한 인(人)으로 봐야 한다. 나는 그렇게 본다.

其爲仁之本與 자(者)를 인(人)으로 보았으니 여기서 본(本)은 그 자(者)이다. 인(仁)은 인간 개개인의 속성이 아니다. 인(仁)은 생물적 인간의 성격이 아니라 사회적 법인의 성격이 강하다. 사람을 두고 인(仁)하다 하는 것은 다만 그 사회적 법인(法人)인 인(仁)에 그 사람이 속해 있느냐를 말하는 것이다. 이 법인(法人)은 위대한 신들의 사회에서 그 이

름이 통용된다. 글에 없는 내용이다. 글에 없는 것은 대부분 내가 지어
낸 것들이다. 내가 작(作)하기로 내가 죽지는 않는다. 죽지는 않겠지만
쪽팔림을 면할 수는 없다. 내가 아는 위대한 신들의 사회에서는 쪽팔리
면 죽어야 한다. 아마도 나는 그곳에서 그렇게 죽었던 것이라 그냥 추정
한다. 그러나 인간세계에서는 쪽팔려서 죽을 일이 별 없다. 쪽팔림은 잠
시일 뿐이다.

'그 사람 되고자 함이다. 그 사람 되고자 함이 효(孝) 제(弟)하면서 하
늘 범(犯)하기를 좋아하는 자는 명백하게 없다. 하늘 범하기를 좋아하
지 않으면서 난(亂)을 작(作)하기를 좋아하는 자는 아직까지는 있지 않
았다. 군자(君子)의 일은 기본에 있는 것이다. 인간 사회에 기본이 정립
(正立)되면 군자가 힘쓰지 않아도 인간들은 제 알아서 하늘의 뜻에 맞
게 살 것이다. 기본이 정립된 효제자(孝弟者)는 군자가 꿈꾸는 인(仁)의
나라를 이루고자 함에 또한 기본이라 하겠다.' 대충 의미는 이렇다. 말
이 부족함은 부끄럽다.

선(鮮)이 완전 부정으로 쓰인 용례는 나는 모르니 선생들이 찾아보시
라. 찾아보면 있을 것이다. 없으면 만들면 되는 것이고 내가 고치는 일
은 없을 것이다. 나는 조선(朝鮮)과 선명(鮮明)에서 이 선(鮮)의 글자를
보았다. 따지자면 이것은 그 경계가 너무나 분명하다는 완전 긍정의 표
현이다. '분명하게 없다'가 아니라 '분명하다'이다. 나는 말이 부족하니 그
냥 알아듣기만 하면 된다. 설명이 부족한 듯싶지만 그냥 넘기자.

學而 3장

子曰 巧言令色 鮮矣仁

이럴 수가. 선(鮮)의 용례가 바로 나오는군.

鮮矣 '명백(明白)하게 없다.' 말의 마침이 야(也)가 좀 객관적 의(矣)가 좀 주관적 관점으로 쓰이는 듯싶다. 잘 모르면서 하는 소리이다. 믿기지 않겠지만 나는 지금 천자문을 다 못 읽는다. 한문 모른다. 사전 찾아서 본다. '선명(鮮明)하게 없다!' '분명(分明)하다.' 鮮矣.

巧言令色 내가 학이편을 네 번째 보는 것이라 하기로 정말 4번 보는 것으로 생각하는 이들은 없지 않겠는가? 한 번 볼 때 여러 번 본다. 많게는 수 십 번 본다. 생각은 수 백 번 했을지도 모른다. 물론 지금은 별생각 없이 그냥 보면서 쓴다. 처음 볼 때는 그냥 넘겼는데 두 번째 볼 때 여기서 시간을 무지 잡아먹었다. 이 한 줄을 진짜 하루 종일 보았다. 나는 아주 대단히 교만한 사람이다. 내가 이런 걸 보는 데 하루 밤을 넘긴다면 내가 죽어야 하는가? 진짜 마지막에 두려운 마음으로 집중하여 보았다. "듣기 좋게 꾸미는 말과 보기 좋게 꾸미는 낯빛에는 인(仁)이 드무니라." 아주 예전에 교양적 관점에서 내가 처음 논어를 한글로 본 육문사에서 출판한 논어의 번역이다. 내가 본 논어는 이것과 김용옥선생의 논어한글역주 이 두 권이다. 사실 나는 90년도에 김용옥선생의 책 몇 권을 읽은 것이 나의 독서의 전부이다. 다른 책도, 이름 있는 고전도, 몇 권 더 샀지만 뭔 소린지 몰라서 몇 장 보다 덮었다. 김용옥선생은 훌륭하시다. 지금도 텔레비전 가끔 나오시는데 여전히 훌륭하시다. 처음 선

생의 책을 봤을 때 이 인간이 무슨 신기를 받았나 싶었다. 내가 좀 많이 무식한 까닭에 약간은 충격이었다. 그래서 내가 선생의 출판사를 90년 도 언젠가 한 번 찾아간 적이 있었다. 선생은 못 보고 젊은 여자는 보았 다. 모르는 사람이 들어와 둘러보는데도 묻지도 않고 그냥 바쁘게 움직 이고 있었다. 인상은 좋았다. 기회가 된다면 이 선생과 일을 좀 해 보 자. 하여튼 뭐 어쨌거나 그때 나는 아무튼 그렇게 생각했다. 물론 기회 는 없었다. 지금 나의 말투와 달리 세상은 그렇게 만만하지 않다. 나도 안다. 행여 내게 충고할 필요는 없다. "말 잘하고 표정을 꾸미는 사람치 고 인한 이가 드물다!" 내가 이 선생들 번역 때문에 공자 알기를 우습게 알았다. 이게 무슨 거지발싸개 같은 소리인가? 물론 나도 나름 품위를 지키고 사는 사람이다. 충고할 필요는 없다. 선생들과 다툴 까닭이 내게 는 전혀 없다. 선생들의 번역이 아니더라도 공자 정도야 그냥 우습게 안 다. 우습게 안다는 것은 그냥 편하게 안다는 것이다. 내가 공자와 싸워 이겼다고 소문이라도 나면 나는 쪽팔려 또 죽어야 한다. 재미도 없고 그만 해야겠다.

巧言令色 교(巧) 자가 나쁜 글자가 아니다. 선입감을 좀 버리고 봐야 한다. '귀신도 울고 갈 정교(精巧)하고도 교묘(巧妙)한 말.' '엄숙(嚴肅) 진지(眞摯)하고도 근엄(謹嚴)하게 표정 짓는 낯빛.' 해석은 이렇다.

鮮矣仁 선생들이 말하길 이것이 도치된 글이라고 한다. '仁鮮矣' 선생 들이야 도대체 무슨 잘못이 있겠는가. 주자(朱子)가 유명하니 혹 이 자 가 처음 이렇게 보자고 하였는가? 찾아보지 않아 나는 모르겠다. 도치 는 보통 강조를 말한다. 사전에 나오는 도치의 의미는 강조하고자 하는

말을 문장의 앞쪽에 내세운다고 한다. 참고로 내가 보는 사전은 다 네이버 사전이다. 큰따옴표는 다 인용이다. 내가 보기에 도치는 선생들이 했다. 선생들이 인(仁)을 강조하여 앞으로 끌어낸 것이 아닌가? 이것이 도치된 문장인 것은 맞다. 그렇지만 인(仁)이 그곳에 붙어서는 말이 되지 않는다. 내가 처음은 그냥 넘겼지만 내가 본 것이 있다. 내가 본 공자는 이렇게 말하지 않는다. 이렇게 말 할 수가 없다. 그래서 내가 하루 종일 골몰한 것이다. 仁 巧言令色 鮮矣 도치가 되었다면 이렇게 보아야 한다. '내가 아무리 정교(精巧)하고 교묘(巧妙)하게 말을 지어서 참으로 엄숙하고 진지하게 근엄한 낯빛으로 설명(說明)을 하여도 인(仁)이 무엇인지 당신들에게 알게 할 수 없다.' 번역은 거지같지만 해석은 이렇게 해야 한다.

學而 4장
曾子曰 吾日三省吾身 爲人謀而不忠乎 與朋友交而不信乎 傳不習乎

曾子曰 1장이 子曰 이고 2장이 有子曰 이고 3장이 子曰 이고 4장이 또 曾子曰 이다. 증삼(曾參)에게도 공자의 자(子)가 붙었다. 이것도 하느님 말씀이다. 위대한 신은 결코 복잡하지 않다. 단순하다. 공자가 말씀하시고 그 하느님이 부연하시고 또 공자가 말씀하시고 그 하나님이 또 부연하시고. 뭐 그렇다. 이어지는 말씀이니 이어서 봐야 한다.

吾日三省吾身 이것은 공자의 하느님의 말씀이다. 이 하느님이 공자에게 하는 말씀이다. '나는 이렇게 인(仁)을 득(得)하였다.' 吾日 오(吾)가 주격으로 쓰이지만 소유격으로도 쓰인다. 친절하게도 용례는 바로 뒤에

나온다. 吾身. '나는 하루에'가 아니라 '나의 하루는' 이렇게 번역한다. 吾身 번역을 '나의 몸'이라 하기로 해석을 이렇게 하는 이들은 아마도 없을 것이다. 신(身)에는 너무나 당연하게도 행(行)이 붙어 있다. 신(身)은 직접이든 간접이든 주체이든 객체이든 오(吾)와 관계된 모든 행(行)을 포함한다. 가령 아프리카의 기근의 문제라든지 오래된 중동 분쟁에 대한 우려까지도 이 오(吾)의 신(身)에는 포함된다. 아프리카의 기근이 나와 무슨 관계인가? 말이 그렇다는 것이고 따질 것은 없다. 이 말씀의 오(吾)는 당신들과 급이 아주 많이 다르다. 이 오(吾)가 미래(未來)에 하느님이 되는 것이다. 三省 "세 가지로" "세 차례씩" 번역을 이렇게 하면 안 된다. 벌거벗은 임금님과 같은 것이니 보이지 않는 것을 보인다고 하면 안 된다. 물론 나도 예전에 처음 한글로 논어를 보았을 때는 별 문제가 없었다. 나는 공자가 누군지도 몰랐고 관심도 없었다. 단지 이 인물이 2500년을 넘게 살아남았다니 딴에 나의 도의적 책임감에서 방어적 논리로 한번 보았다. 이 인물이 누구이든 행여나 이 인물의 하느님이 나중에 내 뒤통수를 칠지도 모르는 까닭이다. 이틀을 좀 지루하게 보았고 좀 웃기는 신이다 하였다. 이 하느님은 마치 유치원생이 그린 인물의 모습과도 같았다. 그러니까 좀 어린 신이구나 하였다. 2500년을 넘게 살았으니 몸이 어린 것은 아니고 정신적으로 좀 문제가 있는 신이구나 뭐 하여튼 나는 그렇게 생각했다. 나는 이미 예수의 신과 다투기도 벅차고 거기에 세존까지 참견을 하니 공자의 하느님 정도야 제아무리 내 뒤통수를 쳐도 내가 죽지는 않는다 하였고 그리고 관심을 두지 않았다. 그리고 나중에 주식으로 나의 10년 저축액을 꾸준하게 잃어 기어이 바닥이 드러나서야 이런 더러운 신이 있나 욕하고 머리나 식힐 겸 한자 공부나 하자 처음 논어를 한자로 보았다. 한자로 보니 선생들의 번역이 너무 웃긴 것이다. 진짜 처음엔 너무 재밌었다. 내가 차라리 이거로 책 팔아서 돈을 벌면 어떨까 생각했다. 그리고 학이편 중간에서 돌아와서 그냥 보면서 진짜로 썼다. 돈만 좀 벌면 예수의 신 정도야 아마도 그 때는 오히려 내게 애원을 할 것이라 나의 풍부한 상상력은 도무지 아무런 제약을 받지 않는 것이다. 그런데 한 가지 문제가 있었다. 이 정신적으로 좀 문제가 있다고 생각한 신은 사실 그렇지 않았고 그럼 내가 이 신에게 허락을 받아야 한다. 공연히 수박 하나 서리하고 나중에 밭떼기로 물어줘야 할 상황이 있을지도 모른다. 재미는 있었지만 한편으로 좀 무겁고도 불안한 마음으로 보면서 썼다. 그리고 그렇게 좀 더 보다 그만 두었다. 아무래도 이것이 내 일이 아닌 듯싶었다. 주인 몰래 가져가기에는 액수가 너무 컸다. 정신적으로 문제가 없으니 이 신을 내가 함부로 볼 수 없다. 비록 나의 돈을 다 털어먹었지만 내게는 예수의 신이 있는 것이다. 그냥 주식해서 돈 벌자. 나는 여전히 직장에 월급을 받고 있었으니 문제가 없었다. 그런데 이 더러운 신은 그 몇 푼 안 되는 돈 마저도 다달이 다 털어가는 것이다. 정말 미치겠다. 그렇게 1년이 지났다. 도둑질은 나쁜 것이다. 내가 비록 지금은 얘기 없이 가져가지만 나중에 분명히 이자까지 갚아준다. 논어를 다시 보았다. 나의 지식이 거의 나의 통장 잔고 만큼이니 사실 보기에 짜증났다. 그래도 먹고 살아야 한다는 절박한 심정으로 억지로 보았다. 그러다 공자의 이 하느님을 만났다. 그러니까 들킨 것이다. 솔직히 철렁하였다. 그것이 도둑질이라 할지언정 내가 강도는 아닌 것이다. 삼 일을 고민하였다. 내가 필요한 만큼만 쓰겠다. 그렇게 나는 공야장까지 보았다. 어쨌거나 나는 글을 마치었다. 그것이 2012년 겨울이다. 이정도면 선생들은 다 죽었다. 선생의 출판사에 보냈다. 답이 없다. 두 분의 교수님께 보냈다. 답이 없다. 조급한 마음에 내가 메일을 두 번 보냈다. 바빠도 좀 보라. 답이 없다. 조교에게 전화도 두 번 했다. 좀 보시라고 해라. 답이 없다. 시간은 이미 여러 달이 지났다. 진짜 아무도 답을 하지 않았다. 뭔가 잘못 된 것이다. 내가 쓴 글을 열어 보았다. 두 페이지를 넘기지 전에 포기했다. 이건 내가 쓴 글이 아니다. 뭐 이런 거지같은 경우가 있는가. 그리고 얼마 지나지 않아 다니던 직장이 망하고 나는 실업자가 되었다. 어쩌면 그때 직장이 망하지 않았다면 나는 논어를 다시 썼을 지도 모른다. 일 없이 방구석에 하루 종일 있었지만 나는 단 한 번도 다시 열어보지 않았다. 이후 3년 동안 단 한 글자도 쳐다보지 않았다. 3년이 지났다. 쪽팔림은 잠시일 뿐인 것이다. 그렇게 나름 마음을 다잡고 다시 논어를 좀 보는 중에 나의 아버지가 수술을 하여 나는 잠시 휴직을 하였고 휴직 중에 그만 정리해고 당했다. 또 백수다. 그래도 퇴직금도 있고 주식도 좀 올랐고 당분간 문제는 없었다. 그렇지만 백수이면서 논어를 보려면 돈이 더 필요하다. 1억이 채워지면 선물거래를 하리라. 어느 날 갑자기 내 주식계좌 총액이 정말로 1억 가까이 되었다. 당일 날 바로 선물계좌로 돈을 옮겼다. 그리고 며칠 시험해보니 내가 적어도 하루에 평균 100에서 200정도는 벌 수 있겠다고 생각했다. 그러니까 잘만 하면 한 달에 1억 정도는 그 범위 안에 있는 것이다. 나는 차분하고 여유로운 마음으로 생각했다. 조만간 논어를 다시 볼 수 있겠군. 그러나 하여튼 이 더러운 신은 내가 잘 되는 꼴을 못 본다. 하루에 천 만 원이 날아갔다. 다음날 또 천 만 원이 날아갔다. 좀 심각했지만 이 정도는 내가 참을 수 있다. 괜찮다. 다음날 나는 이천 만원을 더 잃었다. 이것은 그야말로 충격과 공포이다. 그리고 다음날 나는 600을 더 잃었다. 나흘 동안 4600을 잃은 것이다. 이후로 꾸준하게 하루에 100에서 200정도를 잃고 있다. 이게 지난 몇 달 간의 얘기이다. 지금 내

계좌에 3천이 남았다. 내가 진짜 이 신을 더럽다고 하는 것은 욕이 아니다. 진짜로 너무 더럽다. 칭찬이다. 행여 네가 잘못하고 신을 욕한다고 하지 마라. 나는 바보가 아니다. 三省 성(省)은 반성(反省)의 성이다. 선생들이 이것을 "세 가지" "세 차례" 이렇게 보는 것은 글자를 깨우치지 못해서 그렇다. 성(省)은 반드시 반(反)이 있어야 한다. 그리고 이 반(反)은 정반(正反)의 반이다. 반(反)은 반드시 정(正)을 전제한다. 그러니까 성(省)을 세 번 한다는 것은 정반(正反)을 세 번 한다는 것이다. 정반을 세 번 하면 그것이 정반법이다. '정은 정이고 반은 반이다. 정은 정이 아니고 반은 반이 아니다. 정은 반이고 반은 정이다. 정은 정이고 반은 반이다.' 이것이 정반(正反)을 세 번 하는 것이다. 나를 정(正)으로 두면 상대는 반(反)이 되는 것이고, 상대를 정(正)으로 두면 내가 반(反)이 되는 것이다. 여기에 합(合)이 들어가면 그것이 변증법이 되는 것이다. 그리고 이 삼(三)이 바로 합(合)과 같은 의미가 있다. 따지자면 성(省)에는 이미 삼(三)이 들어있다. 성(省)은 기본이 삼성(三省)이다. 따지자면 삼(三)은 쓸데없는 말이다. 쓸데없는 말을 집어넣은 것은 강조를 하기 위함이다. 강조가 아니라면 이것은 삼성(三省)을 또 삼(三) 하였다는 것이니 구성(九省)이다. 내가 말은 적었지만 이게 뭔지 나도 모른다. 나는 보통 삼성(三省)을 하고 필요하다면 그것을 이(二) 한다. 내가 지금 논어를 따지는 것도 이런 방법이다. 선생들의 번역을 정(正)으로 두면 나는 반(反)이다. 그러나 선생들 자신에 있어서는 그것이 합(合)인 것이다. 똑같이 선생들은 예전에 반(反)으로 합(合)을 얻었을 것이다. 선생들의 선생들이 정(正)이다. 내가 선생들의 책을 보면서 필요하다면 선생들의 선생들이 누구였는지 찾아본다. 보통은 안 찾는다. 보통은 선생들을 믿는다. 물론 나를 믿는 것이다. 선생들의 선생들이 누구였는지, 또 그 선생들의 선생들이 누구였는지, 적어도 김용옥선생은 이런 거 잘 하신다. 나는 글이 짧아 못한다. 내가 말은 이래도 선생들의 노고에 감사한다. 방법론적으로 나는 지금 이 글을 합(合)으로 쓰는 것이 아니다. 이 글은 유효기간이 있다. 유통기간이 있다는 것이다. 그 기간이 넘으면 오히려 독이 될 것이다. 내게 책임을 따지겠지만 나는 모르는 일로 할 것이다. 성(省)은 과거의 일이 아니라 미래의 일도 포함한다. 그것이 나의 일이라면 나는 비교적 성(省)에 익숙하다. 그래서 내가 돈을 벌어서 이 글을 쓰려고 했다. 그런데 이 더러운 신이 거절했다. 내가 아무리 성(省)을 해봐도 내가 이 더러운 신보다 착하다. 그래서 나는 나를 버리지 못했다. 물론 나는 이삼성(二三省)을 하고 이 신이 삼삼성(三三省)을 하는지는 내가 잘 모르겠다. 모르는 까닭에 또 내가 이 신을 버리지 못하는 까닭이다.

'나는 하루 종일 성(省)하였다. 나는 단 일 분 일 초도 끊임없이 성(省)하였다.' 번역이야 어찌하든 해석은 이렇게 해야 한다. '나의 하루는 곧 성(省)이다.'

爲人謀而不忠乎 위인(爲人)은 2장에서 유자님의 말씀에서 보았다. 其爲人也. 정확하게 같은 말씀이다. '그 사람 되고자 함이다.' 其爲人之本也孝弟. 그 본(本)인 효제(孝弟)를 받는 것이다. 孝弟謀而不忠乎. 같은 말이다. 충(忠)은 아(我)의 일이다. '내가 사람 되고자 효(孝) 제(弟)함에 충(忠)하지 않았는가?' 하루 종일 성(省)하는 까닭에 이것은 실시간으로 번역하여야 한다. 지난 뒤에 성(省)해서 뭐 하겠는가? 잠자기 전에 일기 쓰고 하느님께 기도하나? 성(省)은 그런 것이 아니다. 너무나 인간적이지만 이 논어의 말씀은 군자(君子)들의 이야기이다. 3장의 말씀도

같이 봐야 한다. 巧言令色 鮮矣仁. 공자가 모르겠다고 하니 방법론적으로 인(仁)이 무엇인지 설명하시는 것이다. 충(忠)의 주체는 오(吾)이고 충(忠)의 대상은 아(我)이다. 나의 오(吾)가 나의 아(我)에게 충(忠)하지 않았는가를 성(省)하는 것이다. 오(吾)의 나는 너를 전제한다. 그러니까 우리를 전제한다는 것이다. 아(我)는 배타적이다. 오는 너가 아니라면 우리로 타협하지만 아는 너가 아니라면 너는 아닐 뿐이다. 인간들은 하느님을 오(吾)로 섬기지만 나는 하느님을 아(我)로 섬긴다. '충(忠)하였는가? 충(忠)했다. 충(忠)이란 무엇인가?' 이것이 일성이다. '충(忠)하였는가? 충(忠)하지 않았다. 충(忠)이란 무엇인가?' 이것이 이성이다. '충(忠)하였는가? 충(忠)이란 무엇인가? 충(忠)이란 무엇인가?' 이것이 삼성이다. 성(省)은 그 마침을 물음표로 하는 것이다. 마침표를 찍는 성(省)은 대단히 조심해야 한다. 느낌표를 찍는 성(省)은 나는 잘 모른다.

與朋友交而不信乎 어려운 글자 신(信)이 나왔다. 이 신(信)을 알아야 인(仁)을 알 수 있다. 그런데 유감스럽게도 나는 지금 이 신(信)을 안 쓴다. 나는 의(義)를 쓴다. 與朋友交而不義乎. 공자는 나의 붕(朋)이고 선생들은 나의 우(友)라고 하자. 그렇다고 하자. 나는 의(義)를 쓴다. 내가 의(義)를 쓰는 까닭에 선생들의 허물을 내가 가만히 두고 볼 수가 없다. 가만히 두고 보면 내가 불의(不義)한 것이 아닌가? 내가 불의(不義)하지 않기 위해서는 내가 지적질을 해야 한다. 공자야 아직까지는 지적질 할 것이 없는 까닭에 그냥 두는 것이다. 다른 뜻은 없다. 그럼 보자. 이 선생들이야 내가 지적질을 좀 했기로 나름 체면도 있고 품위도 지켜야 하니 나처럼 말은 못한다. 또 내가 아는 것에서는 이 선생들이 나를 이길 수가 없다. 내가 의(義)에 밝으니 계산은 끝났다. 결코 나를 이길 수가

없다. 그런데 내가 모르는 것이 너무 많다. 내가 모르는 것을 들고 와서 내게 따지면 나는 그냥 참아야 한다. 침묵할 뿐이다. 참을 수 없으면 나도 그 말을 배워야 한다. 그런데 아주 웃기게도 그걸 선생들에게 배워야 한다. 가르쳐 주겠는가? 그럴 수도 있고 아닐 수도 있다. 내가 한 짓이 있으니 안 가르쳐 줘도 의(義)에 맞다. 물론 성(省)의 차원이 어디냐에 따라 다를 수도 있지만 일성(一省)에서는 분명하다. 그러면 나는 그 수모를 참고 살아야 한다. 책도 많고 인터넷도 있고 혼자 알아서 공부하면 되지 않겠는가? 그런데 이것은 그런 문제가 아닙니다. 아(我)의 나로는 아무것도 할 수가 없습니다. 아(我)는 대단히 배타적이라 다른 아(我)를 허용하지 않습니다. 다른 사람의 아(我)를 배우는 것은 나의 아(我)가 아니라 나의 오(吾)입니다. 나의 오(吾)가 배워서 나의 아(我)에게 가르쳐주는 것입니다. 골방에서 혼자 책을 보고 공부한다고 해도 그것은 오(吾)입니다. 아(我)는 나 아닌 아(我)를 허용하지 않습니다. 그렇다면 그것은 그냥 죽음일 뿐입니다. 내가 얼마나 교(巧)한 사람인데. 선생들이 나중에 가르쳐 준다. 사실 선생들의 번역이 맞는 것이 있으니. 내게 인(仁)은 드물다.

성(省)의 일이다. 이것은 하루 종일 잠시도 쉼이 없는 것이다. '신(信)하였는가? 신(信)하였다. 신(信)이란 무엇인가?' '신(信)하였는가? 신(信)하지 않았다. 신(信)이란 무엇인가?' '신(信)하였는가? 신(信)이란 무엇인가? 신(信)이란 무엇인가?' 성(省)은 오(吾)와 아(我)의 변증법적 대화이다. 이것은 잠시도 쉬는 것이 아니다.

傳不習乎 "익히지 않은 바를 남에게 전하지는 않았던가?" "가르침 받

은 것을 익히지 못하지 않았나?" 같은 글자인데 선생들도 서로 번역이 다르다. 전(傳)은 1장의 不亦說乎의 설(說)과 의미가 같다. 설교(說敎)의 교(敎)이다. 1장의 말씀과 순서가 바뀌었다. 1장은 학(學)의 학생의 입장이고 여기서는 교(敎)의 선생의 입장이다. '가르치기만 하고 시험하지 않았는가?' 그것을 성(省)하라는 것이다. 어린 인간들은 교언영색(巧言令色)하며 아무리 가르쳐 줘도 모른다. 왜냐하면 이것이 아(我)의 일이기 때문이다. 죽었다 깨나도 모르는 이는 모른다. 그러면 어찌 하는가? 그래서 시험해 보라는 것이다. 인간들은 모르면서도 아는 척을 잘 한다. 자기가 모르는 지도 모르고 아는 척을 잘 한다. 왜냐하면 이 오(吾)는 우리를 전제하기 때문이다. 자기 아버지가 부자이면 자기도 당연히 부자인 줄 안다. 이름 있는 선생의 말을 배웠기로 자기도 그와 같다고 말한다. 시험하지 않으면 전(傳)한 자가 나중에 욕을 당한다. 전(傳)함을 받은 자는 화를 당한다.

1. 子曰 學而時習之 不亦說乎 有朋自遠方來 不亦樂乎 人不知而不慍 不亦君子乎
2. 有子曰 其爲人也 孝弟而好犯上者 鮮矣 不好犯上而好作亂者 未之有也 君子務本 本立而道生 孝弟也者 其爲仁之本與
3. 子曰 巧言令色 鮮矣 仁
4. 曾子曰 吾日三省吾身 爲人謀而不忠乎 與朋友交而不信乎 傳不習乎

1, 2장이 이어지고 3, 4장이 이어진다. 또 1, 2, 3, 4장이 이어진다. 이어서 보면 된다. 어떻게 이어지는 지는 내가 설명할 수 없다. 단순히 말

이 부족하여 그런 것도 아니다. 나도 잘 모른다. 내 해석은 60점을 겨우 넘는다. 그래도 나는 습(習)하였다. 나는 설(說)할 수 있다.

學而 5장
子曰 道千乘之國 敬事而信 節用而愛人 使民以時

道 도(道)를 2장에서 보았다. 本立而道生. 이어지는 도(道)이다. 그러니까 2장의 군자(君子)가 여기 千乘之國의 군주(君主)이다. 사실 논어는 인민(人民)들이 읽기에는 좀 어려운 말씀들이 많다. 그래도 다행스럽게 좋은 선생이 있으니 이제는 쉽게 볼 수 있다. '이것은 제후(諸侯)의 도(道)이다.' '이것은 왕(王)의 길이다.'

千乘之國 천승지국의 도(道)를 설(說)하려면 설(說)하는 자가 마땅히 만승지국(萬乘之國)은 되어야 한다. 설하는 자는 공자이다. 공자는 만승지국이다. 만승지국은 천자(天子)이다. 공자가 천자인가? 진실로 내가 모르는 천자는 없었다. 공자(孔子)는 천자(天子)이다. 천(天)이 숨겨둔 천자이다. 천이 몰래 낳은 아들이고 기록되지 않은 아들이다.

敬事而信 경(敬)은 본(本)이 경천(敬天)이다. 제발 이것을 공경(恭敬)으로 보지 말라. 부탁이다. 이것은 오히려 경외(敬畏)에 가깝다. 사(事)는 사군(事君)이다. 왕(王)에게 군(君)이 누구이겠는가? 당연히 하늘이다. 천(天)이다. 제후가 왕인 것은 맞지만 제후가 천자는 아니다. 그래서 신(信)을 쓰는 것이다. 만약에 이것이 만승지국(萬乘之國)이었다면 마땅히 의(義)를 쓴다. 萬乘之國 敬事而義. 따지기가 좀 어렵지만, 군신유

의(君臣有義) 붕우유신(朋友有信) 이 말씀과도 비슷하다. 천과 천자는 군신의 관계이고 천과 제후는 붕우의 관계와도 같다. 천자의 왕은 내 아들이고 제후의 왕은 남의 아들이다. 남의 아들이 잘못하면 떡을 하나 더 주고 내 아들이 잘못하면 그냥 회초리이다. 남의 아들이라 할지라도 장유(長幼)에 서(序)가 있거늘 어찌 붕우(朋友)이겠는가? 따지자면 그 아들이 아니라 그 아버지들과 붕우(朋友)인 것이다. 그 아버지들도 다른 천(天)에 다 하느님인 것이다. 그런데 이 아들들은 다 서자(庶子)이다. 당연히 적장자는 그 하늘에 천자로 남아 있다. 서자는 그저 남의 하늘에 가서 왕 노릇 하는 것이 속 편하다. 공연히 고집부리다간 개죽음을 당하기 십상이다. 위대한 신들은 결코 인(仁)하지 않다. 그런데 다른 핏줄에겐 인(仁)하다. 보통 그렇다. 내가 경(敬)을 공경으로 보지 말라고 하는 것은 당신들은 남의 아들이 아니라는 말이다. 그렇지만 나는 그냥 좋은 말로 하기를 바란다.

節用而愛人 절(節)은 예절(禮節)의 절(節)이다. 이 千乘之國이 어느 나라이든 지금 천자(天子)의 나라는 주(周)나라이다. 주나라는 예(禮)가 곧 헌법이고 절(節)이 곧 법률이다. 이해하기 어려울 것이다. 설명하기도 어렵다. 그냥 그렇다고 하고 넘어가자. 용(用)은 등용(登用)이다. 관리를 임용(任用)한다는 것이다. '법률을 제정하고 관리를 뽑아 씀에 인민을 사랑하라.' 의미는 그렇다. 제후가 예(禮)를 고칠 수는 없다. 그러나 절(節)을 바꿀 수는 있다. 천승지국의 관리는 제후가 제 맘대로 뽑는다. 천자가 관여하지 않는다. 이것을 봉건(封建)이라고 한다. 천자는 봉(封)할 뿐 건(建)은 제후가 스스로 한다. 그러니까 건국(建國)을 제후가 스스로 하는 것이다. 건국을 자기가 스스로 하면 독립국이 아니겠는가?

천승지국은 독립국이 맞다. 그래서 제후도 보통 왕(王)이라고 부른다. 그런데 칭(稱)은 공(公)이다. 공식적인 왕(王)은 천자의 칭(稱)이다. 그것이 예(禮)이다.

使民以時 주(周)의 봉건제에서 왕은 민(民)을 사(使)하지 않는다. 민을 사하는 것은 신(臣)인 대부(大夫)이다. 제후와 대부는 급이 다른 것이고 애초에 노니는 물이 다르다. 왕은 다만 대부를 사(使)한다. 제후는 주(周)의 예법(禮法)에 의하여 세습되지만 대부는 세습되지 않고 절(節)에 의하여 제후가 임명한다. 대부(大夫)는 보통 읍(邑)의 성주(城主)인데 큰 읍이 있고 작은 읍이 있으니 나중에는 대부들도 급을 따짐이 생긴다. 예절(禮節)이 지켜지지 않자 큰 읍의 대부들은 알게 모르게 세습하였고 나중에는 공공연하게 세습하였다. 반은 맞지만 반은 틀리다 하겠다. 반은 내가 지어낸 것이다. 왕(王)이 민(民)을 사(使)하는 유일한 경우는 전쟁이다. 난(亂)은 대부가 일으키는 것이다. 예법에 의하여 대부는 대부를 죽이지 못한다. 까닭에 왕이 민을 사하여 평정한다. 시(時)는 천시(天時)의 시(時)이다. 전쟁은 공연한 민의 죽음을 부른다. 피할 수 있다면 피하는 것이 좋다. 피할 수 없다면 반드시 승리하여야 한다. 그 반드시가 바로 시(時)이다. 패배는 오직 죽음이다. 전쟁에서 이겼다고 그것이 반드시 승리인 것은 아니다. 그 반드시를 다시 따짐이 또한 시(時)이다. 전쟁은 민(民)의 죽음을 부르니 그것은 천(天)과 닿는 것이다. 반드시 재차 시(時)를 보아야 한다.

敬事 節用 使民. '천(天)을 경(敬)하여 상(上)을 사(事)하고, 예(禮)를 절(節)하여 신(臣)을 용(用)한다. 함부로 민(民)을 부리지 말라.' 道千乘

之國. 이것은 제후(諸侯)의 도(道)이다.

信 愛人 時. 천승지국 제후의 왕(王)은 신(信)과 애인(愛人)과 시(時)를 알아야 한다. 제후가 신(信)이 아니라 의(義)로 왕 노릇 한다면 난(亂)을 작(作)하고자 하는 자와도 같다. 왜냐하면 그것은 의(義)의 천자(天子)에 대한 도전인 까닭이다. 다만 함부로 대부(大夫)를 부리지 말라. 내가 보기에 공자의 하느님은 나보다 착하다. 예수의 하느님은 내가 더 착한데.

學而 6장
子曰 弟子 入則孝 出則弟 謹而信 汎愛衆而親仁 行有餘力 則以學文

弟子 지금은 쓰이지 않는 용어인 듯싶다. 구조적으로는 효자(孝子)와 같다. 효자는 민을 포함하지만 제자(弟子)는 대부(大夫)와 사(士)의 일이다. 효자에게 제자이기를 요구하지는 않지만 제자에게는 효자를 요구한다. 효자는 그 부모와 함께 말하지만 제자는 그 스승과 함께 말하는 것이 아니다. 스승이 가르치는 것과는 별개로 제자가 스스로 알아서 배워야 한다는 것이다. 부모는 버릴 수가 없지만 스승은 버릴 수 있다.

入則孝 제자(弟子)와 효자(孝子)는 그 말의 쓰임이 구조적으로 같다. 제자가 공부하는 자라면 효자도 공부하는 자이다. 아버지는 밖에서 일을 하고 엄마는 안에서 일을 하기로 그 일은 같은 것이다. 엄마가 밖에서 일을 하고 아버지가 안에서 일을 하기로 다르겠는가? 물론 다르다.

까닭에 글자가 다른 것이다. 효자는 공부하는 자이다. 다만 그 일이 다를 뿐이다.

出則弟 논어는 1장부터 계속 이어서 봐야 한다. 그냥 잇는 것이 아니라 층층이 겹쳐서 봐야 한다는 것이다. 그냥 이어서야 이어지지도 않는다. 물론 설(說)을 열(說)이라 하고 기쁨을 찾는 것이라면 그럴지도 모르겠지만 그래서야 얻는 것이 없다. 내가 보기에 기쁨은 없다. 입(入)과 출(出)을 지우고 효(孝)와 제(弟)를 같이 보면 된다. 孝則弟. 틀린 말이 아니다. 스승의 은혜가 하늘과 같다니 아무리 상놈의 세상이 됐기로 어찌 이런 노래를 부른단 말인가? 참으로 민망한 일이다. 弟則孝. 제자(弟子)는 다 죽었다. 지금은 없다. 사어(死語)이다.

謹而信 이 근(謹) 자를 어디서 보는가? 근조(謹弔). 상가 집에서 본다. 놀랍게도 이게 같은 글자이다. 내가 이 자를 찾았을 때 솔직히 기뻤다. 근(謹)과 신(信)이 도대체 무슨 관계인지 참으로 골몰하였다. 아(我)를 죽이라는 것이다. 나를 죽여서 신(信)을 얻으라는 것이다. 신은 5장에서 보았다. 敬事而信. 이것은 천승지국의 왕과 하늘의 관계이다. 그러니까 아(我)를 죽여서 하늘에게서 신(信)을 얻으라는 말씀이다. 좀 어려운 말씀이지만 이게 맞다. 1, 2장과 3, 4장은 이 하느님이 직접 부연 설명을 하였다. 그것은 하느님과 천자의 관계이다. 여기서는 공자가 설(說)하고 공자가 부연 설(說)을 한다. 북 치고 장구 치고 혼자 다 한다. 공자는 천자(天子)이다. 천자는 혼자서도 잘 한다. 마땅히 혼자서도 잘 해야 한다.

汎愛衆 애(愛) 자도 5장에서 보았다. 이어서 보면 된다. 아니 붙여서 봐야 한다. 節用而愛人. 애(愛) 자를 안 보았나? 진짜로 보기만 하고 안 보았군. 이 애(愛)는 대부(大夫)의 일이다. 내가 대부의 일까지는 설(說)을 못한다. 중(衆)은 붕당(朋黨)으로 보면 되겠다. 그런데 이것이 제후의 일이 아니라 그 씨앗인 제자의 일이다. 맞게 따져보면 되겠다. 범(汎)은 어중이떠중이를 다 포함하는 것이다. 그런 넓음이 범(汎)이다.

而親仁 인(仁)은 2장에서 보았다. 其爲仁之本與. 인(仁)은 위인(爲仁)이다. 친(親)은 기본이 부자(父子)이다. 위인지본(爲仁之本)은 효제야자(孝弟也者)이다. 이 자(者)들과 친(親)하라는 것이다. 위인(爲仁)은 위인지국(爲仁之國)을 말한다. 위인지국지본(爲仁之國之本)과 친(親)하라는 것이다. 물론 이것은 제자(弟子)의 일이니 맞게 다시 따져야 한다. 제자는 제후의 씨앗이고 아직 어린 사람이다. 어리다 하기로 나이가 어리다고 하는 말은 아니다.

入則孝而親仁 出則弟而親仁 謹而信而親仁 汎愛衆而親仁. 번역은 이렇게 해야 한다.

行有餘力 나는 처음 볼 때 이것이 힘이 남는 것이 아니다 했다. 힘이 남을 수가 없다. 남는다면 그것은 성(省)이 부족한 까닭이다. 이것도 참 고민이 많았다. 도대체 무슨 힘이 어떻게 남는다는 것인지. 처음에는 그냥 공자에게 지적질하고 넘겼다. 어쨌거나 답은 찾았다. 역(力)은 행(行)의 역(力)이 아니다. 여력(餘力)이 있는 것은 성(省)이 부족해서가 아니라 성(省)이 넘치는 까닭이다. 해석을 이렇게 해야 말이 된다. 그런데 이

렇게 해석하면 내가 지적질을 받는다. 나는 성(省)이 넘치는 사람이 아니다.

　則以學文 문(文)은 말씀이다. 말씀을 배우라는 말씀이다. 이(以). 以學文而親仁. '말씀을 배움으로써 인(仁)과 친(親)하라.' 솔직히 나는 더 할 말이 없다. 말씀이야 책방에 널렸다. 여기서 글을 마쳐도 될 듯싶은데 그럴 수가 없다. 나는 지금 책 팔아서 돈 벌어야 한다. 저 더러운 신이 내 돈을 털어먹지 않았다면 어쩌면 나는 여기서 글을 마쳤을 지도 모른다. 나머지는 선생들이 보면 된다. 선생들도 다 볼 수 있다. 나는 글도 못 배우고 말도 못 배우고 사실 부담스럽다. 나중에 이 글이 독이 될지도 모른다. 내가 죽지는 않겠지만 피곤할 것이다. 당신들은 죽을지도 모른다. 물론 내가 성(省)이 넘치는 사람이 아니기에 아닐 수도 있다. 그래도 조심스러움은 떨칠 수가 없다. 나는 인(仁)이랑 안 친하다.

　入則孝而親仁 出則弟而親仁 謹而信而親仁 汎愛衆而親仁 行有餘力 則以學文而親仁.

　子曰 공자의 자(子)를 이미 보았으니 따로 볼 것은 없으나 그래도 예가 그렇지 않으니 한 번 보고 가야 한다. 내가 아는 유일(唯一)한 천자(天子)는 예수이다. 말했듯이 천자는 많다. 그러나 적장자(嫡長子)는 오직 하나이다. 장자가 맏아들을 말하나 하늘에서도 이미 예를 지킴이 어렵게 되면서 인물이 아니라 자리를 두고 말하는 것으로 그 쓰임이 바뀌었다. 그러나 그럼에도 적장자의 자리는 오직 하나이다. 천자는 많다. 위대한 신은 침묵하였고 천자들은 서로의 힘을 과시했다. 나는 위대한

신에게 말하였다. 당신이 당신의 아들들을 죽이겠는가? 어찌하여 가만히 두겠는가? 나는 경고했다. 그리고 나는 많은 천자들을 죽였다. 그리고 위대한 신은 그 죄를 내게 물었다. 나는 경고했다. 오히려 당신이 죽을지도 모른다. 그러나 그를 죽이는 수는 없었다. 나는 강도가 아니다. 그를 죽이면 나도 죽는다. 공연히 나를 죽일 까닭이 없었다. 그러나 웃기게도 그를 죽이지 않으면 내가 죽는다. 내게는 없지만 위대한 신에게는 그런 수가 있었다. 죽여도 나는 죽고 죽이지 않아도 나는 죽는다. 피할 수 없었다. 그러던 중에 또 참으로 웃기게도 피하는 수가 생겨났다. 나는 위대한 신을 죽일 수 없었지만 나의 사랑하는 자 나의 예수는 그를 죽이는 수가 있었다. 나는 그를 죽이라 하였다. 그런데 이 미친 어린 불쌍한 예수는 오히려 지가 죽었다. 하늘에서는 많은 일이 있었다. 예수가 죽고 사흘이 지나 위대한 신은 스스로 자결하였다. 그리고 위대한 신들의 일이니 예수는 부활하였다. 하여튼 이 더러운 신들의 세계는 아주 더럽다. 이제는 나도 죽어야 한다. 스스로 죽느냐 아니면 죽임을 당하느냐 선택의 문제이지 죽음은 피할 수 없다. 좀 복잡하지만 그래도 나는 부활할 것이다. 지금 나는 부활한 것이 아니라 죽는 중이다. 내가 곱게 죽을 수 있도록 인간들의 협조를 바란다. 내가 곱게 죽는 것이 인간들에게 이롭다. 그런데 내가 곱게 죽는 수를 찾기가 참으로 어려웠다. 그러던 중에 공자를 만난 것이다. 이것은 놀라운 것이었다. 이 자가 천자인 것은 그렇다 치고 이 자에게서 적장자의 기운이 느껴지는 것이다. 너는 누구냐? 공자가 아니라 공자의 하느님을 말하는 것이다. 위대한 신의 아들들은 내가 다 죽였다. 진실로 하나도 남김없이 다 죽였다. 그런데 너는 누구냐? 아마도 공자의 하느님은 위대한 신의 아우일 것이다. 예수와 형제가 아니라 예수의 사촌이다. 간덩이가 부었군. 처음 이 신을 만났을 때 그렇게 생각했다. 그러나 이 신은 내게 대적하지 않았다. 이 신이 지난 전쟁에서 어찌 살아남았는지 알 수 있었다. 공자를 죽이지는 않을 것이다. 그러나 이것은 당신들의 일이다. 살고 싶으면 살아라. 다만 나는 경고했다.

이 글이 판타지를 포함한다고 이미 소개했다. 내가 다 지어낸 얘기이다. 내가 작(作)하기로 내가 죽지는 않는다. 그러나 인간들은 죽을 수도 있다. 까닭에 주의를 요한다. 이런 엉성한 작(作)에 죽기야 하겠는가? 나는 그렇게 생각한다. 죽이는 일은 이미 끝났다. 내가 공자를 얻었음이라. 나는 공자를 습(習)하였고 공자를 득(得)하였다. 죽는다면 이제는 내가 아니라 공자일 것이다. 다만 이것은 당신들의 일이다.

學而 7장
子夏曰 賢賢易色 事父母 能竭其力 事君 能致其身 與朋友交 言而有信 雖曰未學 吾必謂之學矣

子夏曰 자하(子夏)님이 누군지는 나는 모른다. 검색하여 찾아보면 된다. 나는 봐도 모르겠고 까닭에 옮기지도 못한다. 나중에 자꾸 나오시면 찾아봐야 하겠지만 지금은 그냥 모르는 분이다.

賢賢易色 이런 구문에 색(色)은 보통 안색(顔色)이다. 여기서 색(色)을 여색(女色)으로 보지 말라. 도대체 선생들은 여(女)를 어디서 찾았는지 나로서는 참으로 의문이지만 포기했다. 색(色)은 기본이 안색(顔色)이다. '현(賢)이 현(賢)을 만나면 낯빛이 바뀐다.' 색(色)이 목적어의 자리에

있으니 '낯빛을 바꾼다'로 해석되지만 상관없다. 아마도 이 분이 본인의 경험적인 신념(信念)을 말씀하시는 듯싶다. 글의 짜임으로 보면 앞의 현(賢)은 자하님 본인이다.

事父母 能竭其力 사(事) 자를 5장에서 보았다. 敬事而信. 5장에서 사는 사군(事君)이다. 그런데 하늘에게 제후는 남의 아들이라 그러지 않았는가? 까닭에 신(信)이라 하였지만 내 아들에게는 의(義)인 것이다. 내 부모(父母)를 섬기는 것은 의(義)이다. 남의 부모를 섬기는 것은 신(信)이라 하겠다. 竭 다할 갈(竭). 이것은 마치 돌과 돌을 문대어 그 돌이 다 사라짐의 의미와도 같다. 한자사전 찾아서 보는 것이다. 나는 이런 어려운 한자는 모른다. 오늘 배워도 내일이면 또 모른다. 남에게 아는 척을 하려면 머릿속에 넣어야 하는데 나는 진짜 그럴 여력이 없었다. 욕을 당하지 않으려면 나중에는 외어야 할 것이지만 지금은 잘 모른다. 역(力)은 그냥 효행(孝行)의 역(力)으로 보인다. 내가 갈(竭) 자는 모르지만 이 능(能) 자는 좀 안다. 그런데 이것이 서로 어울리는 자인가? 갈(竭)을 어찌 능(能)한단 말인가? 이 분은 부모를 목숨 걸고 섬기는가? 임금을 목숨 걸고 섬긴다는 얘기는 들어보았지만 부모를 또한 목숨 걸고 섬긴다는 얘기는 좀 새롭다. 행(行)을 갈(竭)하는 것이 어찌 목숨의 일이냐 하겠지만 나의 성(省)에서는 그렇다. 이 갈(竭)은 빼야 한다. 能其力. 이것으로 족하다. 자식이 거지꼴로 개고생을 해서 부모를 좋은 옷과 좋은 음식으로 섬기면 그 부모가 좋아하겠는가? 의(義)에 맞지 않는 것이다. 갈(竭)은 불의(不義)한 것이다.

事君 能致其身 致 이를 치(致). 치(致)는 글자가 나의 의지와 나의 의

도와는 별 상관없이 이르는 것이다. 그러니까 나는 죽기가 싫은데 죽어야 한다면 죽겠다는 것이다. 사군(事君). 임금을 섬김에 있어서. 치(致)와 능(能)도 어울리는 글자가 아니다. 죽기가 싫은데 왜 죽는가? 명분은 대의(大義)를 위해서. 명분(名分). 이런 자들은 꼭 죽기 전에 하느님을 찾는다. 지들 의(義)만 생각하고 정작 하늘의 의(義)는 생각지 않는다. 그러나 자애롭고 또 자애로운 위대한 신은 이런 자들을 신(信)으로 여기니 또한 역시나 불쌍하다 한다. 인간들이 다 그렇지 뭘 그리 짜증을 내겠느냐 한다. 남의 자식이라고 속은 편하다. 죽음으로 하늘에 신(信)의 기도를 하니 하늘이 들어 주던가? 신(信)의 관계이니 신(信)으로 들어준다. 그렇지만 그것은 위대한 신의 치(致)까지 기다려야 한다. 위대한 신의 치(致)는 곧 위대한 신의 죽음에 닿는다. 물론 너무나 당연하게 신이 죽지는 않지만 그 위대함에 약간의 손상이라도 있다면 그때에야 들어준다. 그러나 그런 일도 인간들이 백 번은 죽어야 일어날까 말까 한다. 能其身. 치(致)는 빼고 본다. 죽을 때는 그냥 죽어라. 누구에게 미루지 말고 누구를 탓하지 말고 스스로의 의(義)로 그냥 죽어라. 사군(事君). 물론 능(能)하다면 말이다.

與朋友交 言而有信 이 분은 어찌 언(言)에다 신(信)을 쓰는가? 나는 행(行)에다 신(信)을 쓰기도 어려워 의(義)를 쓰거늘 이 분은 어찌 언(言)에다 신(信)을 쓰시는가? 行有餘力. 참으로 힘이 남아도시는 분이시다. 내가 보기에 신심(信心)이 깊으시다. 이것이 子夏曰이 아니라 子子曰이었다면 참으로 모든 말씀이 맞겠다. 내가 마땅히 그렇게 해석할 것이다. 그러나 그렇게 해석하면 인간들은 이미 다 죽은 목숨이다. 與朋友交. 어려운 글자는 없다. 언(言)을 행(行)으로 고치고 보면 된다. 붕우

(朋友)를 의(義)로 하면 친구가 없다. 붕(朋)을 의(義)로 하면 친구가 아니라 그냥 원수이다. 與朋友交 行而有信. 언(言)에 신(信)을 쓰는 것은 공자도 못한다. 나도 못한다. 나는 안 한다.

雖曰未學 吾必謂之學矣 '비록 배웠다고 할지라도 나는 반드시 그를 아직 못 배운 자라고 할 것이다.' 나의 해석에서 틀린 곳을 찾아보라. 필(必)을 빼야 한다. 필(必)은 신중히 써야 한다. 함부로 쓰면 오래 못 산다. 위(謂)는 남에게 나의 속내를 말하는 것이다. 일종의 남에게 보증을 선다는 것이다. 함부로 보증을 서지 말라. 패가망신한다.

學而 8장
子曰 君子不重則不威 學則不固 主忠信 無友不如己者 過則勿憚改

내가 말이 짧아 그만 봐야 하는데 계속 본다. 주의를 요하는 것이다. 남의 사(思)를 나의 상(想)으로 얻기는 어려운 것이다. 그런데 그 어려운 것을 인간들은 별 무리 없이 다 한다. 나도 예외가 아니다. 나는 그저 방구석에서 다 안다고 하는 것이다. 그래도 나는 나름 성(省)을 치열하게 했다. 당신들도 성(省)을 좀 하시라. 안 그러면 다 티가 난다.

君子不重則不威 "군자(君子)가 언행(言行)이 무겁지 아니하면 위엄(威嚴)이 없는 법이니." 이 말씀이 나 들으라고 하는 말씀이다. 이 말씀은 나도 새겨야 한다. 군자부중즉불위(君子不重則不威) 김용옥선생도 이 말씀은 좀 들으시어야 한다. 선생은 훌륭하시다. 내가 보는 논어는 선생의 책이 거의 전부이다. 선생이 힘들여 공부한 것을 나는 그저 한

번 보고 쓰는 것이다. 까닭에 내가 선생에 대해서는 약간의 보증은 해야 한다. "군자는 무게 있게 행동하지 않으면 위엄이 없고," 육문사 선생이야 내가 이름도 모르지만 앞에 저 선생의 번역이 더 좋다. 선생도 아시겠지만 군자가 무게 있게 행동하기를 좋아해서 하는 것이 아니다. 군자가 그 스스로를 위해서 하는 행위가 아니라는 얘기이다. 군자가 그 스스로의 위엄을 위해서라면 그냥 두드려 패면 된다. 위대한 신들의 사회는 보통 이렇다. 아니라면 그냥 죽여 버린다. 아니라면 내가 죽는 것이다. 까닭에 신들의 사회는 대단히 무겁다. 찍소리 하기를 아주 대단히 신중히 한다. 말 한마디 잘못하면 그날로 바로 죽는다. 까닭에 위대한 신들의 사회는 오직 고요와 침묵뿐이다. 분명히 이것은 아닌 듯싶은데도 말 안 한다. 어느 구석에 아닌 것도 아니라는 논리가 숨어있는지 모르는 까닭이다. 아닌 것도 아닌 것이 아니라는 논리에 또 아닌 것도 아닌 것도 아니라는 논리를 이미 층층이 수도 없이 쌓아놓은 위대한 신들이 어느 구석에 붙어있는지 모르는 까닭이다. 그래서 신들의 사회는 대단히 중(重)하다. 그것은 그들 자신들이 살기 위해서 중(重)한 것이다. 그런데 인간들 세상에서는 이게 좀 다르다. 인간들은 빠르기를 감당하지 못한다. 모래알이 빛의 빠르기를 갖는다면 그 중(重)이 어떠한지 아는가? 중력은 가속도와 격이 같다. 빠르기가 곧 중(重)인 것이다. 그런데 인간들은 빠르기를 모른다. 나는 내가 찍소리만 해도 인간들이 다 알아들을 줄 알았다. 인간들이 아마도 고양이들과도 같으니 다 내게 주목할 것이다. 그런데 아무 일도 없었다. 그때부터 나는 짜증이 나기 시작했다. 이 빠르기를 무게로 바꿔야 한다. 선생들을 두드려 패면 된다. 나는 이미 김용옥선생의 책을 몇 권 읽었고 두드려 패기를 마음먹고 책을 보았다. 그러나 그것은 두려운 것이었다. 몇 줄을 보고 포기했다. 그 빠르기를 오히려 내가 감당하지 못하는 것이었다. 나는 그냥 내가 똑똑하다는 것만 다시 확인하고 위안하고 선생은 잊었다. 그러다 논어를 한자로 보게 되고 선생을 다시 만난 것이다. 공자에게서 나의 빠르기가 계산되었다. 공자를 두드려 패자. 공자급이 이런 일로 죽는 일은 없다. 물론 다 선생의 덕분이다. 선생이 자중(自重)하시면 나 또한 자중(自重)할 것이니 선생에겐 배울 것이 많다. 빠르기를 계산하지 못하는 못 배운 인간들이 선생을 가볍다 하지만 내가 보기에 선생은 나름 중(重)하시다. 물론 말이 그렇다는 것이고 내가 공자 알기를 우습게 아는데 선생을 보증할 수는 없다. 말이 참으로 가볍다. 언젠가 하느님 세상이 도래하여 언(言)에 신(信)을 쓰는 세상이 오기를 나도 또한 기대한다. 중(重)은 중력(重力)의 중(重)이다. 그것은 언행(言行)도 아니고 행동(行動)도 아니다. 그것은 진실로 움직이지 않는 힘이다. 진실로 하나도 움직이지 않는 역(力)이다. 나는 아직 나조차 보증하지 못한다. 부끄럽다.

學則不固 學不重則不固. 내가 비록 천자문을 다 못 읽지만 한문이라는 게 이런 식으로 보아야 한다는 건 다 알지 않겠는가? 몰라서 못 보는 게 아닐 것이다. 行有餘力. 언(言)에 신(信)을 쓰는 까닭이다. 성(省)을 좀 하며 사시라. 성(省)은 잠시도 쉼이 없는 것이다. 하루 종일. 꿈에서도 멈추지 않는다. 하늘에서 신(信)을 얻기가 쉬운 것이 아니다. '학(學)이 중(重)하지 않으면 고(固)하지 않다.' 7장에 자하님 들으라 하시는 말씀이다. 고(固)는 견고(堅固). 자하님은 아직 이름을 얻지 못했다. 나는 모르는 분이다.

主忠信 충(忠)과 신(信)은 4장에 나왔던 말씀이다. 爲人謀而不忠乎

與朋友交而不信乎 정확하게 같은 말씀이다. 그대로 받는 말씀이다. 吾日三省吾身. 성(省)을 하라는 말씀이다. 주(主). 자하님의 오(吾)가 남의 오(吾)라는 것이다. 혹 자하님이 나중에 학(學)을 좀 깨우치시면 지금 한 말과 다른 말을 하게 될 것이라는 얘기이다. 배움이라는 것이 어제의 나를 버리고 내일의 나를 찾는 것이 아니다. 말이 어렵지만 성(省)이 없다면 진실로 '나'는 없다. 인간은 없다. 인간이 아니다. 말은 참 가벼운 것이다. 더 할 말이 있지만 참는다. 부디 성(省)을 좀 하시며 사시라.

無友不如己者 '기(己)라는 자(者)보다 못한 우(友)는 없다.' 기(己)는 자기(自己). 스스로를 벗으로 삼지 말라는 말씀이다. 자기(自己)를 그냥 원수같이 여겨라. 그래도 죽을 수는 없으니 오(吾)와 아(我)는 애증의 관계이다. 죽지 못해 산다. 성(省)의 과정이 보통 이렇다.

過則勿憚改 과(過)의 글자가 그러하니 대부분의 허물은 지나침에 있는 것이다. 자기(自己)를 너무 높이 평가하는 것이다. 자기애(自己愛). 8장이 다 7장의 자하님 말씀을 두고 하시는 말씀이다. 현(賢)의 글자를 저렇게 쓰면 제아무리 공자의 할아비라도 망하지 않을 수가 없다. 勿憚改. 물(勿)은 명령(命令)이다. 탄(憚)은 꺼린다는 말인데, 이것은 마치 번지 점프할 때의 그 주저하는 마음과도 같다. 두려움이 함께하는 꺼림이다. 改. 고칠 개(改). 당신들은 허물을 고치는데 두려움을 느끼는가? 아니라면 그렇게 해석하면 안 된다. 이것은 두려움을 느끼는 고침이다. 이것은 허물을 고치는 것이 아니라 허물을 지은 나를 고치는 것이다. 이것은 주저함과 두려움을 동반한다. 성(省)의 일이다. 두려움이 동반하여야 하는 것이다. 무슨 말인지는 성(省)을 해 보시면 아시겠다. 어려운 말

씀이다.

5. 子曰 道千乘之國 敬事而信 節用而愛人 使民以時

6. 子曰 弟子入則孝 出則弟 謹而信 汎愛衆而親仁 行有餘力 則以
學文

7. 子夏曰 賢賢 易色 事父母 能竭其力 事君 能致其身 與朋友交 言而
有信 雖曰未學 吾必謂之學矣

8. 子曰 君子不重則不威 學則不固 主忠信 無友不如己者 過則勿
憚改

1장에서 4장까지가 천과 천자의 일이고 5장부터 8장까지가 천자와 제
후의 일이다. 물론 제후가 아니라 제후의 씨앗인 제자(弟子)이다. 앞으
로 이 제자(弟子)는 군자(君子)이다. 제자와 군자와 제후는 씨가 같다.
같은 줄기이다. 내가 공자를 천자라 하였으니 앞으로 이 군자(君子)는
제후의 왕(王)과 급을 같게 해석한다. 왕의 영토가 없다고 꼭 그 자리도
없으라는 법은 없다. 왕의 자리가 없기로 그 인물은 하늘의 일이니 천자
도 모를 수가 있다. 아무튼 나는 공자를 죽여서 죽은 그 제자(弟子)들
을 부활시킬 것이다. 어쨌거나 말은 그렇다는 것이다.

學而 9장
曾子曰 愼終追遠 民德歸厚矣

曾子曰 증삼(曾參)이 누군지는 모르지만 이것이 자(子)의 말씀이니 천
(天)의 말씀이다. 해석을 그렇게 해야 한다. 그렇게 하라고 적혀 있다.

愼終追遠 종(終)은 임종(臨終)이다. 신(愼)은 삼갈 신(愼). 신중(愼重). 이것이 잘못된 글자가 아닌가? 마땅히 삼갈 근(謹)을 써야 하지 않겠나? 이것도 아마 종일 보았을 것이다. 아버지가 죽었는데 마땅히 삼가 근(謹)해야지 어찌 삼가 신(愼)하는가? 그리고 어찌하다 6장의 謹而信을 보았다. 이게 글자가 바뀌었다. 愼而信이 맞고 謹終이 맞다. 이러면 글자가 서로 어울린다. 그런데 이렇게 보면 이것은 그냥 대부도(大夫道)이다. 대부(大夫)도 다 안다. 자(子)가 붙었는데 그렇게 보면 안 된다. 신(愼)은 죽은 자에게 쓰는 말이 아니다. 그럼 이 종(終)이 죽기는 죽었는데 안 죽었다는 말이다. 이것이 천(天)의 말씀이기에 그렇게 이해를 하면 된다. 왕(王)은 죽어도 죽지 않는 것이다. 공자께서 돌아가신 지가 2500년이 지났는데도 여전이 살아계신 것이다. 당신들 할아버지 이름은 몰라도 조선 태조 임금이 이성계라는 것은 다 알지 않겠는가? 모르면 좀 많이 무식한 것일 뿐이다. 이건 그냥 이 땅에 살고 있으면 다 아는 것이고 다 알아야 하는 것이다. 그러니까 이 종(終)은 왕(王)의 죽음이다. 왕의 죽음은 신(愼)하여야 한다. 왜냐하면 왕은 죽어도 죽은 것이 아니다. 추(追)는 추모(追慕)가 아니라 추적(追跡). 원(遠)은 영원(永遠). 왕은 영원히 산다. 왕은 영원히 죽지 않는다. 이것이 하느님 말씀이니 아주 뻥은 아니다. 내가 알기로 사실 하느님도 영원히 못 산다. 그러나 이것이 아주 뻥은 아니다. 내가 알기로 위대한 신은 죽어도 결코 죽지 않는다. 부활한다. 인간들이 밤에 잠을 자고 아침에 깨어나듯 위대한 신은 온전히 부활한다. 왕은 솔직히 내가 잘 모르겠다. 그래도 아주 뻥은 아니다.

民德歸厚矣 이어지는 말씀이다. 이것도 참 고민이었다. 하여튼 전부

다가 고민이었다. 민(民)과 덕(德)이 무슨 상관인가? 내가 생각하기에 아무런 상관이 없다. 도대체 관계 지을 건덕지가 없는 것이다. 그래서 나는 민(民)을 다 죽였다. 왕이 죽었으니 민도 죽는다. 그러면 민(民)과 덕(德)이 이어진다. 귀(歸)는 귀천(歸天)이다. 후(厚)는 후(厚)하다. 그러니까 왕이 영원히 죽지 않으면 그 인민들도 죽어서 좋은 곳으로 간다는 뭐 그런 좋은 말씀이겠다. 그런데 누가? 종(終)은 죽은 왕이고 신(愼)은 살아있는 왕이다. 천(天)이 왕(王)에게 하는 말인가? 그렇긴 한데 이것은 제후의 왕이 아니다. 이것은 천(天)이 천자(天子)인 공자에게 하는 말씀이다. 그러니까 종(終)은 죽은 천자(天子)를 말함이 합당하다. 그럼 죽은 천자는 또 누구인가? 나는 모른다. 다만 공자는 자기가 주공(周公)과 동급이라고 생각했다. 공자가 그렇다 하니까 나는 그런 줄 알지 나는 주공 잘 모른다. 하여튼 공자는 주공을 愼終追遠하였다. 이 원(遠) 자는 1장의 有朋 自遠方來의 원(遠)과 같은 글자이다. 둘 다 주공(周公)과 닿는다. 내가 아직 신심(信心)이 없어서 내겐 좀 어려운 말씀이다. 그래도 내가 지금 공자의 죽음을 신(愼)하기를 노력하는 중이다.

學而 10장

子禽問於子貢曰 夫子至於是邦也 必聞其政 求之與 抑與之與 子貢曰 夫子溫良恭儉讓以得之 夫子之求之也 其諸異乎人之求之與

子禽問於子貢曰 '자금(子禽)이 자공(子貢)에게 문(問)하였다.' 왈(曰)을 자금에 바로 이어서 해석하면 안 된다. 문장을 다 해석을 한 다음에 이어야 한다. 붙여야 한다. 무슨 말인지는 나도 잘 모르겠다. 아무튼 자금은 자공의 제자이다. 나는 그렇게 본다. 자금은 공자의 제자이기에 앞

서 자공의 제자이다. 그러니까 지금 자금에게 보스는 자공이다.

夫子至於是邦也 부자(夫子)의 부(夫)는 대부(大夫)의 부(夫)와 같다. 자금이 갑자기 공자를 대부(大夫)와 급을 맞췄다. 자금이 보는 공자는 대부와 같은 급이다. 물론 자금은 딴에 후하게 친 것이다. '부자(夫子)께서 이 나라에 이르시었다.' 내가 말도 부족하고 한자도 모르고 한문도 모르고 아무튼 잘 모르는 중에 설명을 하려니 좀 어렵긴 하겠지만, 아무튼 야(也)로 마친 것은 말이 이미 끝났다는 것이다. 그러니까 '부자께서 이 나라에 이르시었다.'가 독립된 말이다. 독립된 말이면서 동시에 뒤로 이어지는 말이다. 그러니까 이미 전제된 전례가 있다는 것이다. 전례가 있다는 것이 야(也)로 마침에 있다. '부자께서 또 한 나라에 이르시었다.' 중요한 것은 아니지만 따지자면 그렇다는 것이다. '그러면 뻔하다'가 행간에 숨어 있다. 내가 이런 것을 아는 척 하면 안 된다. 내가 대부와 다투면 안 된다. 그러면 내가 진다. 아마도 선생들이 여기서는 할 말이 좀 있을 것이다. 모르면 배워야 한다. 부끄러운 것이 아니다. 내 얘기다. 솔직히 나는 금방 꺼릴 탄(憚)을 조금 느꼈다. 勿憚改.

必聞其政 필(必)을 함부로 쓰면 안 된다. 문(聞)은 필(必)히 문(問)을 함께 보아야 한다. 말 듣는 이(耳)에는 반드시 말하는 구(口)가 함께 있는 법이다. 그런데 이것이 같은 인간이라는 것이다. 문(聞)은 내가 문(問)하여 듣는 것이다. 그러니까 이 말씀은 '必問其政' 이렇게 바꾸어도 똑 같은 말이다. 거의 같은 것이 아니라 그냥 같은 말이다. 문(問)이 없이 듣는 것은 청(聽)이다. 공자님 말씀을 청(聽)하지 말라. 모든 말씀은 문(聞)하는 것이지 청(聽)하는 것이 아니다. 정(政)은 정사(政事)이다. 여

기서 사(事)는 일 사(事)가 아니라 섬길 사(事)이다. 5장의 敬事而信의 사(事)와 같다. 정확하게 같다. 천(天)을 섬기는 것이 곧 정(政)인 것이다. 이해가 되는가? 정(政)은 옳고 그름을 따지는 것이다. 옳고 그름을 따지는 것이 곧 천(天)을 사(事)하는 것과 같다는 것이다. 옳고 그름을 따짐이 제후에게는 신(信)으로 해야 한다. 제후는 의(義)로 옳고 그름을 따지면 안 된다. 왜냐하면 그것이 예(禮)이다. 이해가 안 되면 부디 성(省)을 하시라. 부디 청자(聽者)가 아니라 문자(聞者)가 되시라. '필(必)히 기(其) 정(政)을 문(聞)하시었다.' 필(必)은 그냥 자금의 일이다. 공자의 일이 아니다. 설명이 부족한 듯싶어 좀 답답하다. 부끄럽다. 공자가 문(聞)한 것은 그냥 제자들에게 문(問)한 것이고 그냥 여기저기 문(問)한 것이다. 정(政)을 꼭 왕(王)에게 문(聞)할 까닭이 없는 것이다.

求之與 抑與之與 자금의 문(問)이 그러하니 대부급으로 해석해야 한다. 부자(夫子)의 부(夫)는 대부(大夫)의 부(夫)이고 자(子)는 제자(弟子)의 자(子)이다. 부자는 대부의 씨앗이라는 것이다. 공자가 노력을 좀 더 하시거나 운이 좀 따른다면 적어도 대부(大夫)는 하실 인물이라는 좋은 뜻이 담겨있다. 求之與? 抑與之與? '대부를 구(求)하시는 것인가?' '아니면 억누르고 있는 다른 무슨 큰 뜻이 있는 것인가?' 자금은 나름 똑똑하다. 앞서 필(必) 자를 붙인 것으로 미루어 알 수 있다. '아니면 혹시, 제후(諸侯)의 왕(王)을 꿈꾸시는 것인가?'

子貢曰 왈(曰)은 자공의 말을 다 문(聞)하여 마지막에 해석한다. 자공(子貢)은 공자가 사랑하는 제자이다. 제자(弟子)는 아니다. 공자에게 제자(弟子)는 안회가 유일하다. 그러나 공자가 부자(夫子)라면 자공은 그의

제자(弟子)이다. 자공이 적어도 대부(大夫)급의 인물은 된다.

夫子溫良恭儉讓以得之 온(溫) 양(良) 공(恭) 검(儉) 양(讓)에 특별한 의미는 없다. 자공이 생각하는 좋은 말씀들을 그냥 공자에 붙인 것이다. '부자께서는 온화(溫和) 양순(良順) 공손(恭遜) 검소(儉素) 겸양(謙讓)으로써 그 문(問)을 득(得)하시었다.' 지(之)는 문(聞)을 받으니 문(問)으로 받아야 한다. "온화(溫和) 양순(良順) 공손(恭遜) 검소(儉素) 겸양(謙讓)"은 육문사 선생의 번역이다. 어찌 따지든 내겐 별 중요하지 않다.

夫子之求之也 '부자(夫子)의 구(求)하고자 함이로다.' 야(也)로 마쳤으니 야(也)로 해석해야 한다. 이미 말을 마친 것이다. 이것은 선생들에게 물어보라. 나는 잘 모르고 나는 그저 내가 보는 것을 말할 뿐이다. 분명 선생들이 더 잘 안다. 자금이 말한 구(求)를 받는 것이다.

其諸異乎 '그 모든 것이 다르다!'

人之求之與 '사람들의 구(求)하고자 함이 무엇인가?' '사람들이 구(求)하고자 함이 무엇이든 부자의 구(求)함은 그 모든 것이 다르다!' 성(省)을 호(乎)의 느낌표로 마치면 설(說)이 열(說)로 보일 것이다. 이것이 자공과 안회의 차이이다. 아마도 이것이 안회에게 문(問)한 것이라면 그냥 빙그레 웃고 말았을 것이다. 물론 내게 물은 것이라면 나는 소상하게 알려준다. '대부(大夫)이든 제후(諸侯)이든 이것이 필시(必是) 개고생이라. 밥이나 구(求)하러 가자.'

9장에서 이어서 보면 나의 대답은 신(愼)한 것이 아니다. 내가 보기엔 이것은 분명히 죽었다. 물론 공자도 안다. 그러나 공자는 근(謹)하지 않고 신(愼)하는 것이다. 죽었지만 죽은 것이 아니고 떠났지만 떠난 것이 아니고 보냈지만 보낸 것이 아니다. 이것은 좀 슬픈 이야기이다. 공자가 말이다.

學而 11장
子曰 父在 觀其志 父沒 觀其行 三年無改於父之道 可謂孝矣

父在 재(在)는 '있다'라는 것이다. 그 있음을 보자. 존(存) 재(在) 유(有). 이것이 다 그 있음을 말한다. 이것은 중요한 것이다. 존(存)의 있음은 그 씨앗과 같고, 재(在)의 있음은 그 나무와 같고, 유(有)의 있음은 그 열매와 같다. 중요한 것이지만 설명은 다음에 한다. 사실 설명할 것이 없다. 다만 그 있음을 말하는 까닭이다. 부모가 살아 계시다는 것이다. 씨앗과 열매를 살아있다고 하지는 않지 않는가? 다만 신(愼)할 뿐이겠다.

觀其志 상당히 중요한 말씀이다. 아주 대단히 중요한 말씀이다. 나의 설명은 이것이 끝이고 나머지는 당신들이 성(省)해야 하는 것이다. 내가 아무리 巧言令色 하여도 이것이 무엇인지 당신들이 알게 할 수 없다. 명백하게 없다. 볼 관(觀). 이것은 꿰뚫어 보는 것이다. "이쪽에서 저쪽까지 꿰어서 뚫다." "길, 강 따위가 통하여 나다." "어떤 일의 내용이나 본질을 잘 알다." 네이버 국어사전이다. 이 관(觀)은 상당히 축적된 성(省)을 통하여 알 수 있다. 그냥 성이 아니라 두텁게 층층이 중첩된 하나 된

성(省)이다. 내가 지금 이 논어를 보는 것도 바로 이 관(觀)이다. 이 글자를 통하여 나는 지금 공자를 본다. 그러나 이것은 당신들의 일이다. 아무도 도와줄 수 없다. 명백하게 없다. 그럼 어찌 하는가? 문(問)하는 것이다. 문(問)을 득(得)하는 것이다. 문(問) 없는 문(聞)은 없다. 있다면 다만 청(聽)이다. 청으로 아는 척하면 그것이 아는 것이 아니다. 문(問)을 득(得)하는 방법론이 바로 성(省)이다. 이미 지난 말씀 중에 다 있는 내용이다. 이것을 설명하는 것은 진짜로 개고생이다. 이것은 분명 개지랄을 동반한다. 아주 피곤한 일이다. 내 얘기가 아니다. 당신들과 당신들의 하느님과의 일이다. 나의 하느님을 당신들에게 나누어 줄 수는 없다. 명백하게 없다. 아무튼 관(觀)은 아주 중요한 글자이고 어려운 글자이다. 몰라도 상관없지 않겠는가? 그건 내가 잘 모른다. 다만 이것이 아주 중요하고 아주 어렵다는 것만이 지금 나의 입장이다. 지(志). 이것을 그냥 의(意)와 비슷하게 해석하는 것은 터무니없는 것이다. 지(志)는 성질(性質)이다. 의(意)가 의식(意識)의 일이라면 지(志)는 거의 무의식(無意識)에 가깝다. '성질(性質)부리다'의 그 성질(性質)과 같다. 성질과 성질이 만나면 어찌 되겠는가? 싸운다. 성질이 더러우면 그냥 좋게 안 싸운다. 지(志)는 역(力)이다. 지와 지의 만남은 충돌이다. 쟁(爭). 논쟁(論爭) 투쟁(鬪爭) 이런 것들이 다 지(志)의 충돌이다. 아버지와 아들의 지(志)가 충돌하였다. 아버지와 싸우나? 그 지(志)를 관(觀)하라는 것이다. 그 지(志)를 꿰뚫어 보라는 것이다. 아버지와 아들은 보통 참는다. 아버지와 아들의 지(志)의 충돌은 여간해서는 싸우지 않으려고 무진장 애를 쓴다. 남이었으면 참을 것도 없다. 그냥 안 보면 그만이다. 그러나 아버지를 안 볼 수는 없다. 보통 없다. 참는 것이 바로 성(省)이다. 따지자면 다를 것이 없다. 태어나서 아버지가 돌아가시기까지 그 누구보다도 가

장 오래 긴 시간 그 지(志)를 만난다. 만나고 또 만나고 또 만난다. 지(志)를 바꾸는 것은 대단히 어렵다. 그것은 본성(本性)에 가깝고 그것을 바꿀 수 있는 이가 있다면 그가 하느님이다. 다만 성(省)하라는 것이다. 아버지와 아들은 친(親)의 관계이다. 그 지(志)를 드러냄이 별 거리낌이 없다. 남에게는 그 지(志)를 드러내기를 상당히 조심한다. 까닭에 아버지와 아들은 그 지(志)를 성(省)하기에 아주 좋은 기회이다. 또 그 성(省)을 축적하기에 아주 좋은 환경이다. 관(觀)을 습(習)하기에 이보다 좋은 관계는 없다. 말하자면 그렇다는 것이다.

父沒 몰(沒)자가 좋은 글자가 아니다. 수몰(水沒) 매몰(埋沒) 몰락(沒落). 아버지가 그냥 돌아가셨다는 것이 아니라 지옥의 구렁텅이에 빠지셨다는 것이다. 이 아버지는 좋은 아버지가 아니었다.

觀其行 그 행(行)을 꿰뚫어 보라는 것이다. 아버지가 살아계실 때의 그 행(行)을 꿰뚫어 보라는 것이다. 아버지의 행(行)과 그 행에 대한 나의 행(行). 기억하는 모든 것이 다 행(行)이다.

三年無改於父之道 이것도 참 고민이 많았다. 선생들의 번역은 애초에 말이 되지 않는 것이다. 한글만 봐도 말이 안 된다. 本立而道生. 내가 이것을 어찌 찾았는지 도무지 설명할 수 없다. 다만 생(生)할 뿐이다. 나는 다만 이것이 무엇인가 간절하게 문(問)하였다. 내가 이런 걸 모르면 난 죽어야 한다. 내가 공자 정도를 못 보아서야 내가 살아서 무엇 하겠는가? 나는 이미 문(問)을 득(得)한 것이다. 잘난 체가 너무 심하지만 그것이 나의 지(志)이다. 나는 지금 나의 지(志)를 드러내기를 거리낌이

없다. 그러니까 이 글은 친(親)의 관계로 쓰는 것이겠다. 그냥 내 맘대로 그렇다. 다만 이 글 뿐이다. 글을 떠나서는 당신들과 나는 미친(未親)관계 이다. 한글로도 그냥 미친 관계이다. 그야말로 돌아버리는 관계이다. 당신 들 얘기다. 도(道)를 여기에 붙여서는 안 된다. 三年無改於父之志 三年 無改於父之行. 이렇게 보면 된다. '살아 계심에 3년 그 지(志)의 관(觀)에 고침이 없고, 돌아가심에 3년 그 행(行)의 관(觀)에 고침이 없다면.'

道 可謂孝矣 '효(孝)라 일컬음이 가(可)하다.' 도(道)는 관(觀)으로 바 꾸어도 된다. 그러한 관(觀)이라면 효(孝)라 이를 만할 것이다. 위(謂)는 내가 보증한다는 것이다. 공자가 보증한다는 것이다. 의(矣)의 마침은 말하는 이의 의지와 주장이 좀 담기는 듯싶다. '그러한 도(道)라면 효 (孝)라 위(謂)함이 가(可)할 것이다.' 아버지가 좋은 아버지가 아니었다. 그런데 3년 그 관(觀)에 고침이 없었다? 이게 가(可)한 말인가? 적어도 내 얘기는 아니다. 공자의 아버지는 공자가 3살 때 돌아가셨다. 아마도 공자님 얘기이신가보다. 3년 도무지 고치실 게 없으셨으리라. 농이다. 공 자님의 거만하심이 거의 나에 버금가신다. 앞으로는 존칭해야겠다. 이 상(理想)과 현실(現實). 당연히 현실적으로 가(可)한 말씀이다. 물론 이 상과 현실은 다르다.

學而 12장
有子曰 禮之用 和爲貴 先王之道 斯爲美 小大由之 有所不行 知和 而和 不以禮節之 亦不可行也

有子曰 공자님이 어려운 말씀을 하셔서 이 하느님이 부연 설명하신

다. 그런데 무슨 말씀이신지 더 어렵다.

禮之用 말은 '예의 쓰임'인데 내가 알기로 예(禮)는 용(用)하는 것이 아니다. 말하자면 예(禮)는 그냥 모셔두는 것이지 이것이 쓰라고 있는 것이 아니다. 가령 예(禮)가 곧 헌법(憲法)인데 헌법이 용(用)하라고 있는 것인가? 헌법은 오직 지키라고 있는 것이다. 용(用)하는 것은 법률이나 명령 조례 규칙 이런 것이 용(用)하는 것이다. 헌법이 용(用)이라면 그것은 사용(使用)이 아니라 등용(登用)이다. '예(禮)'의 등용(登用)은 말이야 어떻든 의미는 그렇게 본다. '예(禮)로써 다스림은'

和爲貴 '귀(貴)를 이루고자 함의 화(和)이다.' 예(禮)로써 다스림은 인민들의 귀(貴)를 이루고자 함의 화(和)이다. 법(法)은 어떠한가? 법(法)으로써 다스림은 인민들의 안(安)을 이루고자 함의 화(和)이다. 화(和)는 화합(和合). 화(和)에는 공동체의 의미가 있다. 예(禮)의 등용(登用)은 공동체가 모두 귀(貴)를 이루고자 함에 동의했다는 것이다. 어쨌거나 의미는 그렇다. 법(法)의 등용(登用)은 공동체가 모두 안(安)을 이루고자 함에 동의했다는 것이다.

先王之道 이것은 전설의 고향이다. 그러니까 적어도 주(周)나라 이전의 하느님 얘기이다. 도(道)는 예(禮)를 받는데 자리만 받는 것이지 글자는 모른다. 글자를 그냥 예(禮)라 하여도 크게 문제는 없어 보이는데 잘 모르겠다. 어차피 이 하느님도 이미 선왕(先王)이다. 지금 하느님은 성질 더럽다. 이 하느님은 착하게 보인다.

斯爲美 '선왕(先王)께서 도(道)로써 다스림은 인민들의 미(美)를 이루고자 함의 화(和)였다.' 이 하느님이 착하면서 또 겸손한 하느님이다. 선왕께서는 미(美)를 화(和)하셨는데 본인은 그저 귀(貴)를 화(和)할 뿐이다. 뭐 이런 겸손의 표현이 말씀 중에 들어있다. 반면 지금의 하느님은 그저 인민들의 안(安)이나 화(和)할 뿐이라니 부끄럽다.

小大由之 有所不行 지(之)는 귀(貴)를 받는다. 행(行)은 화(和)를 받는다. 소대(小大)는 자리를 말하는 것이다. 말단 공무원은 소(小)하고 대통령은 대(大)하니 그런 까닭으로 귀(貴)를 따지면 행(行)이 불(不)하는 소(所)가 유(有)하다. 행(行)을 화(和)로 바꿔서 봐도 된다. 어려운 글자도 없고 해석이 어렵지도 않고 나는 말이 부족하여 그냥 넘어 간다.

知和而和 不以禮節之 亦不可行也 이것이 같은 말이다. 말단 공무원도 귀(貴)하고 대통령도 귀(貴)하기로 소(小) 대(大)를 따지지 않으면 또한 행(行)이 가(可)함이 불(不)하다. 의미는 그렇다. 예절(禮節). 이 말씀이 나왔지만 내가 따질 수가 없다. 공자 때에도 이미 사라졌다. 이 착한 하느님은 내가 보기에 요절하였다. 인간들에게 미(美)와 귀(貴)는 어울리는 말이 아니다. 이 하느님은 아마도 위대한 신들의 사회에서 죽임을 당했을 것이다.

9. 曾子曰 愼終追遠 民德歸厚矣
10. 子禽問於子貢曰 夫子至於是邦也 必聞其政 求之與 抑與之與
   子貢曰夫子 溫良恭儉讓以得之 夫子之求之也 其諸異乎人之求
   之與

11. 子曰 父在 觀其志 父沒 觀其行 三年無改於父之道 可謂孝矣

12. 有子曰 禮之用 和爲貴 先王之道 斯爲美 小大由之 有所不行 知
    和而和 不以禮節之 亦不可行也

관계를 지으면서 보면 된다. 주제는 이상(理想)과 현실(現實)이다. 솔
직히 나도 잘 모른다. 내 점수는 60점을 겨우 넘는다. 나의 이상이 그렇
고 나의 현실은 30점 부끄럽다.

學而 13장

有子曰 信近於義 言可復也 恭近於禮 遠恥辱也 因不失其親 亦可
宗也

有子曰 이 하느님은 죽었다고 했는데 또 나오신다. 하느님 말씀은 좀
어렵다. 혹 내가 놓친 부분이 있을지도 모른다. 有子曰 하느님과 曾子曰
하느님이 다른 분일지도 모른다. 有子曰이 우측에 있고 曾子曰이 좌측
에 있다. 별 의미는 없다.

信近於義 言可復也 '신(信)이 의(義)에 근(近)하다면 언(言)은 복(復)
이 가(可)하다.' 복(復)은 복구(復舊) 회복(回復). 근(近)은 근사(近似) 거
의 같다. '신(信)이 거의 의(義)와 같다면 언(言)은 회복(回復)이 가(可)하
다.' 법(法)으로 따지면 이것은 좀 어려운 말씀이다. 내가 배가 고파서 빵
을 하나 훔쳤다. 네가 배가 고프든 말든 너는 도둑놈이다. 아무리 배가
고프다고 도둑질하면 되겠느냐? 좀 어려운 문제이다. 예(禮)로 따지자면
내가 정말 배가 고파서, 그러니까 그 배고픔의 신(信)이 그 배고픔의 의

(義)에 근(近)하다면 그 죄는 복(復)할 수 있다는 것이다. 예(禮)로 따지자면 주인이 오히려 빵을 하나 더 준다. 내가 도둑질 하였지만 도둑질 하였다고 말하지 않는다. 그러나 의(義)에 근(近)하자면 내가 적어도 15살을 넘어서는 안 된다. 15살을 넘었다면 내가 어디가 불구이거나 머리가 좀 모자라야 한다. 그러면서도 배가 고파야 한다. 가령 10살 아이가 보기에도 배가 고파 보이면 빵을 훔친 것으로는 아무 죄도 물을 수 없다. 10살 아이의 배고픔이 의(義)에 근(近)하면 아무 집이라도 아무한테라도 빵을 달라 할 수 있고 또 그 어른은 마땅히 너무나 당연하게 빵을 주어야 한다. 왜냐하면 그것이 예의(禮義)인 까닭이다. 예(禮)로 따지자면 예의(禮義)를 지키지 않는 것이 그것이 바로 죄(罪)이다. 그만 봐야 하는데 자꾸 말만 길어지고 폼만 떨어지는 것 같다. 그래도 나는 돈 벌어야 하니 어쨌거나 더 써야 한다. 과연 나의 이러한 말은 의(義)에 근(近)하겠는가? 근(近)하지 않다면 내가 벌(罰)을 받을 것이다. 그것은 당연하다. 그것이 예(禮)이다.

恭近於禮 遠恥辱也 그래서 내가 지금 상당하게 공손(恭遜)하게 말하는 것이다. 나의 말투가 예(禮)의 의(義)를 벗어나지 않는다. 내가 미치지 않고서야 공연히 벌(罰)을 받겠는가? 나의 말투는 의(義)에 근(近)하다. 나의 공(恭)이 또한 예(禮)에 근(近)한 것이다. 그런데 문제는 그럼에도 내가 치욕(恥辱)을 당할지도 모른다는 것이다. 말씀에는 치욕(恥辱)을 원(遠)한다 하였는데 어찌 내가 치욕을 당한단 말인가? 내가 성(省)하기로 나는 이 글로 내가 치욕(恥辱)을 면하기가 어려울 것이다. 법(法)으로 따지자니 그렇다는 말이다. 도둑질 했는데 나이는 왜 따지냐? 네가 반신불수인 게 도둑질과 무슨 상관이냐? 내가 또한 법(法)에 밝으

니 어쩔 수가 없다. 그래도 내가 죽지는 않을 것이다. 무슨 말인가 하면 당신들이 나를 죽일 수는 없다. 참고로 말하는 것이다. 원(遠) 자를 앞에서 두 번이나 보았다. 영원(永遠). 치욕이 그냥 먼 것이 아니라 아주 멀다는 것이다. 공(恭)은 공손(恭遜). 치(恥) 욕(辱)은 좋은 글자도 아닌데 그냥 넘어 간다.

因不失其親 亦可宗也 인(因)은 원인(原因). '인(因)이 그 친(親)을 실(失)하지 않는다.' 그러면 이것이 곧 고(固)이다. 고(固)를 8장에서 보았다. 學不重則不固. 견고(堅固). 따지자면 인(因)은 고집(固執)이다. '고집(固執)이 그 친(親)을 실(失)하지 않는다면 또한 종(宗)이라 함이 가(可)하다.' '인(因)이 그 원(原)을 실(失)하지 않는다면 또한 종(宗)이라 함이 가(可)하다.' 무슨 말인지 모르겠다. 그냥 이 말씀은 종파(宗派)를 인정해 준다는 말씀이다. 말씀엔 가(可)를 주었지만 나는 불가(不可)이다. 그래서 나는 설명이 어렵다. 예수도 종(宗)이고 세존도 종(宗)이고 공자도 종(宗)이다. 모든 성인(聖人)의 인(因)은 인간의 구원이다. 그런데 인간의 구원은 하느님의 일이다. 하느님의 그 친(親)을 실(失)하지 않았기에 또한 종(宗)이 가(可)하다는 것이다. 그러나 나는 불가(不可)이다. 설명은 못 한다. 하느님은 왜 직접 인간을 구원하지 않는 것일까? 내가 이런 소리 들으니까 불가(不可)라 하는 것이다.

信近於義 신(信)은 제후의 일이고 의(義)는 천자의 일이라고 하였다. 제후의 신(信)이 천자의 의(義)에 거의 가깝다는 것이다. 言可復也 그러면 천자를 바꿀 수도 있다는 말이다. 이게 무슨 황망한 말씀이란 말인가? 하느님이 한 입으로 두 말을 한단 말씀인가? 참으로 황망한 말씀이

다. 그래서 내가 이 하느님에게 지적질을 좀 하려고 했는데 참았다. 내가 못 이긴다. 설명을 더 해야 하는데 부디 선생님들이 좀 하시라. 신(信)은 기본이 부채(負債)이다. 의(義)는 자본(資本)이다. 이것이 자산(資産)의 개념에서 동일(同一)하다. 하느님은 은행(銀行)이다. 은행(銀行)이 이자(利子)가 제때 안 들어오면 사장(社長)을 바꿀 수도 있다는 말이다. 이게 말이 되는가? 말이 된다. 주주(株主)와 채권자(債權者)가 싸우면 당연히 채권자가 이긴다. 법(法)이 그렇다. 예(禮)를 논(論)하는 말씀이지만 예(禮)는 죽었고 법(法)을 따져야 하니 말씀이 어렵다. 선생님들이 좀 하시라. 신(信)과 의(義)는 중요한 글자이다. 나는 말이 부족하여 선생님들에 미룬다.

중요한 말씀이 많기에 설명이 분명해야 하는데 죄송할 뿐이다. 선생님들이 하시라.

學而 14장
子曰 君子食無求飽 居無求安 敏於事而愼於言 就有道而正焉 可謂好學也已

食無求飽 居無求安 이것은 거지같은 말씀이다. 나는 아직 이것을 깨우치지 못했다. '먹음에 배부름을 구하지 않고 거(居)함에 편안함을 구하지 않는다.' 이것은 불가(佛家)에서 하는 얘기이다. 유가(儒家)에서 하는 얘기가 아니다. 유가(儒家)는 폼에 살고 폼에 죽는 것이다. 폼이 떨어지면 그냥 폼나게 죽는 것이다. 그런데 왜 거기서 살자고 고집(固執)을 부리는가? 아직 유불(儒佛)이 나누어지지 않은 까닭이겠다. 공자와 세

존은 거의 같은 시대에 살았다. 그러나 아직은 아주 멀리 떨어져 살았다. 내가 세존을 처음 만났을 때 이 자(者)가 분명 사기꾼이라 생각했다. 이것이 법(法)이라면 하느님은 없는 것과 같다. 하느님 알기를 그야말로 개의 아들로 아는 것이다. 그런데 그 법(法)이 너무 강렬(剛烈)하다. 내가 아는 것도 없고 할 말도 없으나 세존(世尊)은 참으로 위대(偉大)하시다. 내가 잠시 나의 하느님을 버리고 세존(世尊)에 귀의 할까 좀 고민을 할 정도였다. 그런데 문제는 죽은 권력이다. 죽은 정승은 살아있는 개만 못한 것이라. 나의 현실적이고도 자존적인 철학적 통찰은 세존을 그냥 모셔두기로 하였다. 언젠가 용(用)할지도 모르지만 지금은 다만 지킬 뿐이다. 말씀을 대부(大夫)의 도(道)로 보지 말고 군자(君子)의 도(道)로 보아야 한다. 이것은 참으로 어려운 말씀이다. 나는 세존께 경배했다.

敏於事而愼於言 민(敏)은 민첩(敏捷)이 아니라 영민(英敏)이다. 몸이 빠른 것이 아니라 머리가 빠른 것이다. 사(事)는 섬길 사(事). 섬김에 있어서 머리를 빨리 돌려야 한다는 것이다. 일은 빨리 한다고 마냥 좋은 것이 아니다. '섬김에 있어서 영민(英敏)하게 얼른 따져 보고 그 따져본 것을 그 섬기는 이에 맞도록 말은 신중(愼重)하고 또 신중하게 하라.' 해석은 이렇다.

就有道而正焉 지금 내가 하고 있는 일이 이 일이다. 내게 도(道)가 유(有)하다. 유(有)는 소유(所有)의 유이다. 유(有)는 반드시 그 소유자(所有者)의 자(者)가 함께 있는 것이다. 없다면 그것은 재(在)한 것이거나 존(存)한 것이다. 그러나 대부분의 유(有)는 그 소유자 역시 유(有)한 까

닭에 그 자(者)를 따지기가 대단히 어렵다. 까닭에 보통 유는 소유와 소유자를 도매금으로 같이 따지니 그냥 유(有)하다고 한다. 有道 이것은 취(就)의 소유의 도(道)라는 것이다. 취(就)가 소유한 도(道)이다. 도(道)는 敏於事而愼於言을 그대로 받는 것이다. 내가 지금 당신들을 섬김에 영민(英敏)하여야 하고 또 그 말은 신중(愼重)하여야 한다. 그것으로 취(就)하여 정(正)하라는 말씀이다. 취(就)는 취임(就任). 말이야 어떻든 의미는 그렇고 해석도 그렇게 해야 한다. '임(任)하여 도(道) 있음으로 바르게 하라.' 언(焉)의 마침은 당위(當爲)의 의미가 있는 듯싶다. 임(任)은 보통 남이 임명(任命)하는 것인데 여기서는 스스로가 임명하였다. 그 의미를 취(就)에서 읽으면 되겠다. 正焉 선생들의 번역에는 "자신을 바르게 한다." "스스로를 바로 잡는다." 하였는데 이것은 아주 틀린 번역이다. 그래서 내가 스스로 선생으로 취임(就任)하여 선생들을 바로 잡아 주는 것이다.

可謂好學也已 이 말씀의 호학(好學)은 교(敎)와 같다. 교(敎)를 앞에서 한번 보지 않았나? 4장 傳不習乎 역시 하느님 말씀으로 보았다. 전(傳)은 교(敎)에 근(近)하다. 설(說)과 같은 말씀이다. 따지자면 그렇다는 것이고 또 따지자면 그렇지도 않은 것이니 맞게 잘 따져 보면 되겠다. 위(謂)는 보증하는 것이다. 남들에게 스스로를 보증하는 것이다. 말의 책임을 자기가 진다는 것이다. 그런데 뒤에 이미 이(已) 자가 붙었다. 가령 내가 이 사람은 훌륭한 사람이다 위(謂)하였는데 내가 굳이 위(謂)하지 않아도 그 사람은 이미 훌륭한 사람이라는 뭐 그런 의미가 이(已)에 있는 듯싶다. 그 사람 본인이 이미 스스로를 안다. 이 하느님도 언(言)에 신(愼)하시는 것이겠다. 그러니까 이 호학(好學)은 상대평가가 아

니라 절대평가이다. 아는 자가 이미 아는 것이다. 앎은 스스로의 일이다. 남이 평가하여 알아주는 것이 아니라는 뭐 그런 의미가 이(己)에서 보인다.

君子 군자(君子)는 하산(下山)하는 중이다. 13장에서 하느님이 亦可宗也 너도 또한 종(宗)이 될 수 있다 하였다. 14장은 그 친(親)을 실(失)하지 말아야 할 인(因)의 말씀으로 보면 되겠다. 사(事)의 대상은 인민(人民)이다.

13장에서 신(信)이 의(義)에 근(近)하면 한번 뱉은 말이라도 다시 주워 담을 수 있다고 했다. 그럼 그 근(近)을 어찌 아는가? 본인이 스스로 안다고 한다. 그리고 이 하느님이 알아주신단다. 내가 지금 거의 하느님에 근(近)하여 말하지 않는가? 내 말투가 거의 하느님 같이 말한다. 그리고 사실 나는 내가 하느님인 줄 안다. 그런데 이 하느님이 그건 아니라고 한다. 너는 그냥 인간에 근(近)하다고 한다. 짜증나는 일이었다. 숱한 방황과 고뇌에 찬 시간들을 보내며 나는 답을 내었다. '나는 인간이 싫어요.' 그러자 이후로 이 하느님은 도무지 아는 척을 안 한다. '나도 네가 싫다.' 그래? 싫으면 시집가. 목마른 놈이 우물을 파는 것이고 이제 아는 척은 내가 해야 한다. '나도 내가 싫다.' 반항이 시작되었지만 도무지 그 끝을 모르겠다. 나는 여전히 중2병을 앓고 있다. 나의 사고는 중학교 2학년에서 멈췄다. 유치하기로 내가 진짜 유치원생은 아니다. 나도 나름 노력하고 있는 것이다. 나의 글쓰기가 초등학교 저학년 수준이라고 한다면 솔직히 내가 부정을 못하겠다. 부끄럽다.

學而 15장

子貢曰 貧而無諂 富而無驕 何如 子曰 可也 未若貧而樂 富而好禮
者也 子貢曰 詩云如切如磋 如琢如磨 其斯之謂與 子曰 賜也 始可與
言詩已矣 告諸往而知來者

子貢曰 자공은 공자가 사랑하는 자이다. 10장에서 이미 보았다. 자공
은 사랑스럽다.

貧而無諂 富而無驕 何如 "가난하면서도 아첨함이 없으며, 부유하면
서도 교만함이 없으면 어떠하나이까?" "가난하면서도 아첨하지 아니하
고, 부유하면서도 교만하지 아니하면 어떻겠습니까?" 선생님들 번역이
다. 이 말씀에서 자공이 사랑스럽다는 것은 귀엽다는 것에 가깝다. 자공
이 딴에 생각을 엄청 많이 한 것이다. 자공이 나중에 부자가 되는데 아
마 그 아버지도 부자였을 것이다. 자공은 위(衛)나라 사람이다. 노(魯)나
라에 유학을 보냈으니 아버지도 부자이다. 아버지 얘기는 내가 지어낸
것이다. 아무튼 이것이 자공 자신의 얘기일 것이다. 지금 자공은 가난하
고 아버지는 부유하다. '나는 지금 가난하지만 아첨하지 않고 아버지는
지금 부유하지만 교만하지 않습니다. 어떻게 생각하십니까?' 내 생각에
는 너는 더욱 가난해 지고 아버지는 더욱 부자가 되시겠구나. 何如? 가
난하면서 아첨하지 않을 수 없고 부유하면서 교만하지 않을 수 없다. 이
것이 따질 것이 없다. 따질 것이 있다면 가난하면서도 교만한 것이다. 나
는 부유하면서도 아첨한다. 가난한 자는 더욱 가난해질 것이고 부유한
자는 더욱 부유해질 것이다. 나는 교만하지만 또 내가 아첨도 잘 한다.
따질 것이 무엇인가?

子曰 可也 "좋다." "괜찮다." 나는 불가(不可). 어찌 가(可)를 준단 말인가? 因不失其親. 고집은 그 친(親)을 잃지 말아야 한다. 자공의 신(信)은 그 스스로의 의(義)에 근(近)한 것이고 나는 그냥 의(義)이다. 자공은 자공의 신(信)으로 문(問)하였고 나는 나의 의(義)로 답(答)하였다. 선생은 문답을 이렇게 하면 안 된다. 이것은 친구끼리 하는 문답이다. 친구끼리는 서로 고집을 피우면 된다. 다만 그 친(親)을 지키면 된다. 공자는 참으로 훌륭한 선생이다. 나는 못한다. 나는 성질이 더러워 못한다. 부끄럽다.

未若貧而樂 富而好禮者也 미약(未若)이 "~함만 같지 않다. ~함만 못하다." 해석을 이렇게 하라는데 나는 한문 모른다. 혹 몰라 참고로 적는 것이다. 미(未)는 아직. 약(若)은 만약(萬若). 가야(可也)의 괜찮다는 그냥 괜찮다는 것이다. 별 문제는 없다 그런 의미이지 굳(good)의 의미는 아니다. '괜찮기는 하지만 그 가난함의 의미를 즐길 수 있다면 그게 더 낫겠다.' '그 부유함이 지켜야할 예를 좋아함이 더 좋겠다.' 부끄럽지만 내 번역이 선생님들 번역보다 나아 보인다. 이것은 단지 번역의 문제이다. 일단 말이 되어야 하지 않겠는가? "가난하면서도 즐거워하며" "가난하면서도 즐길 줄 알고" 가난하지만 그래도 즐겁게 살라는 말인가? 가난한 놈들이 예는 알아서 무엇 하겠는가 그런 말인가? 부끄러운 줄 알아야 한다. 부끄럽다.

子貢曰 詩云 如切如磋 如琢如磨 여절여차(如切如磋) 여탁여마(如琢如磨). 절차탁마(切磋琢磨)는 다 들어본 말이겠고 이게 시경(詩經)의 말씀이라고 한다. 그러면 찾아봐야 한다. 나는 그냥 김용옥선생의 책에

서 옮긴다.

瞻彼淇澳(첨피기욱)　　저기 저 기수의 물굽이를 보라!

綠竹猗猗(녹죽의의)　　푸른 대나무 숲이 야들야들 우거지고

有匪君子(유비군자)　　아 저 아름다운 님

如切如磋(여절여차)　　자른 듯 다듬은 듯

如琢如磨(여탁여마)　　쪼은 듯 간 듯

瑟兮僩兮(슬혜한혜)　　무게있고 위엄이 넘치는 저 사내

赫兮咺兮(혁혜훤혜)　　빛나고 훤출

有匪君子(유비군자)　　아름다운 님이여

終不可諼兮(종불가훤혜)　　종내 잊을 수 없어라!

번역도 선생의 번역이다. 어려운 한자가 너무 많다. 그래도 내가 예전
에 한자 다 찾아 봤다. 지금은 못 본다. 그냥 내가 본 것만 말하겠다. 선
생의 책에 이르기를 "전통적인 해석에 의하면 이 시구는 위(衛)나라 무
공(武公)의 덕성을 찬양한 노래라는 것이다." 선생은 의견이 좀 다르지
만 나는 전통적인 해석을 따른다. 이것이 찬양가이다. 절차탁마(切磋琢
磨)는 군자(君子)를 두고 말하는 것이 아니라 노래하는 자 스스로를 말
하는 것이다. 이게 지금 조선민주주의인민공화국의 인민들을 보면 이해
가 좀 더 쉽다. 그 인민들의 찬양가가 거의 이렇다. 위대한 령도자를 바
라보는 것만으로도 마음이 두근두근 불끈불끈 하는 것이다. 가슴이 쿵
쾅쿵쾅 뛰는 것이다. 그 뛰는 가슴을 두고 절차탁마(切磋琢磨)하는 것
과 같다고 하는 것이다.

其斯之謂與 그 기(其). 이 사(斯). '그것이 이것을 두고 하는 말인가요?' 자공이 공자의 말씀을 듣고 깨우침을 득(得)한 것이다. 자공은 지금 심장이 벌렁벌렁한다.

子曰 賜也 야(也)로 마쳤으니 야(也)로 해석한다. 不亦說乎? 또한 기쁘지 아니한가? 중요한 건 역(亦)이다. 또한. 나도 또한 기쁘다. 공자도 약간 상기되었다.

始可與言詩已矣 '바야흐로 시의 말씀과 더불어 할 수 있게 되었구나.' 이(已). 번역에 이것을 어찌 끼워야 하는지 잘 모르겠는데 하여튼 이것은 네가 알아낸 것이지 내가 가르쳐 준 것이 아니다 뭐 그런 의미가 있다. 내가 한문을 몰라서. 아니라면 말고. 이것을 공자가 자공에게 '너와 더불어 시를 논할 수 있겠구나' 이렇게 해석하면 안 된다. 말이 안 된다.

告諸往而知來者 '하나를 알려 주니 둘을 아는구나.' 번역이야 어떻든 해석은 이렇다. 대충 가는 길을 알려 주니 오는 길을 알아서 찾는구나. 번역은 모르겠다. 傳不習乎. 가르쳐만 주어도 알아서 깨우치니 시험은 안 봐도 되겠구나. 의미는 그렇다.

學而 16장
子曰 不患人之不己知 患不知人也

"남들이 나를 알아주지 않음을 걱정할 것이 아니라, 내가 남을 알지 못할 것을 걱정해야 하느니라." "남이 나를 알아주지 않음을 걱정하지 말라. 내가 남을 알지 못함을 걱정할지니.”

중요한 말씀은 없다. 쓸데없는 잔소리이다.

따질 것이 하나도 없다. 그냥 버려라.

爲政

爲政 1장
子曰 爲政以德 譬如北辰居其所而衆星共之

아무래도 내가 톤을 너무 높게 잡은 것 같다. 내가 학이편은 여러 번 봤다. 여기서부터는 선생님들이 나보다 낫다. 그만 봐야 하는데 쪽 수가 부족하다. 쪽팔리면 죽어야 한다. 본시 예(禮)가 그렇다. 예(禮)가 죽었으니 법(法)대로 해야 한다. 쪽팔리면 죽어야 하는데 안 죽으니까 법(法)이 있는 것이다. 지금의 인간들은 도무지 쪽팔림을 모른다. 도무지 모른다. 공연히 내 쪽만 팔린다. 나는 죽음의 길을 찾지 못했다. 할 수만 있다면 내가 죽었을 것이다. 톤이 너무 높다. 그만 해야 한다. 쪽팔리지만 죽을 일은 아니다. 법(法)대로 하자.

爲政以德 잘 모르는 것을 아는 척 하려니 쪽팔린 것이다. 나는 이거다 안다. 그런데 당신들에게 아는 척 하려니 잘 모르게 되는 것이다. 그러니까 문제는 당신들이다. 아닌가? 하여튼 저 잔소리는 듣기가 싫다.

어차피 법(法)대로 하는 것이니 당신들도 나를 모르고 나도 당신들 모른다. 법대로 하자니 몰라도 걱정이 없다. 나는 그냥 쪽 수만 채우면 된다. 傳不習乎. 그래도 내가 할 일은 해야 하니 나중에 시험은 본다. 이것은 나의 위대한 신들과의 일이니 안 그러면 내가 벌 받는다. 물론 당신들에겐 거부권이 있다. 책임은 각자 진다. 사실 법(法)이 그렇게 나쁜 것이 아니다. '덕(德)으로써 정(政)을 이룸은.' 이거 벌써 다 봤다. 其爲人也. '그 사람 되고자 함이다.' 같은 말이다. 인(人)은 본(本)이 효제(孝弟)이고 정(政)은 본(本)이 덕(德)이다. 그냥 따져서 보면 된다. 덕(德)도 인민들을 다 죽여서 봤다. 후덕(厚德). 뭔가 좀 부족하긴 하다. 덕(德)이란 무엇인가? 덕은 신(信)과 의(義)를 따져야 한다. 내가 어렵다고 선생님들에게 미룬 듯싶다. 信近於義 言可復也. 이것이 덕(德)이다. 한번 뱉은 말을 다시 주워 담을 수 있게 하는 것이 덕이다. '한번 뱉은 말은 주워 담을 수 없다.' 이런 말이 통용되는 것은 그냥 덕이 없어서 그렇다.

譬如北辰居其所而衆星共之 비(譬)는 비유할 비(譬)이다. 나도 금방 한자 찾아봤다. 북진(北辰)은 북극성. '비유하자면 북극성이 그 자리에 거(居)하고 뭇 별들이 그 소(所)를 공(共)하는 것과 같다.' 해석은 이렇고 따로 할 말은 없다. 공(共)은 공유(共有). 모든 별들이 북극성의 자리를 공유한다는 것이다. 그러니까 모든 인민들이 왕의 자리를 공유한다는 것이다. 덕(德)으로 정(政)을 이루는 것은 모든 인민(人民)들이 다 그 왕(王)과 자리를 공유(共有)하는 것과 같다. 그러니까 비유를 하자면. 이게 법(法)으로 따지면 그냥 민주(民主)인데. 얘기하자면 또 잔소리이다. 나는 민주(民主)를 믿지 않는다. 다만 나는 민주(民主)를 부정하지 않는다. 까닭에 이것이 당신들의 일이라 하는 것이다. 정(政)이 무엇인지는 보지 않았나? 정은 옳고 그름을 따지는 것이다. 덕으로 옳고 그름을 따진다는 것이다. 어제의 옳음이 오늘은 그름이 될 수도 있고 오늘의 그름이 내일은 옳음이 될 수도 있다. 어제는 죄가 아닌 것이 오늘은 죄가 될 수도 있고 오늘은 죄인 것이 내일은 죄가 아닌 것이 될 수도 있다. 이것은 따지는 것이지 옳고 그름이 자연히 있는 것이 아니다. 법(法)으로 하면 정(政)은 오늘날의 국회(國會)이다. 민주가 좋은 것이니 나도 국회의원 피선거권이 있다. 인민들이 피선거권을 다 공유(共有)한다는 것이겠다. 이 정도는 선생님들이 아니라 당신들도 다 아는 것이겠다.

爲政 2장

子曰 詩三百 一言以蔽之 曰 思無邪

폐(蔽)는 덮다, 가리다. 내가 모르는 글자만 찾아본다. 詩三百 一言之曰 思無邪. 그냥 이렇게 봐도 될 것 같은데. 잘 모르겠다. 폐(蔽)는 그 시의 지은이가 누구이든 그 시의 내용이 무엇이든 따지지 않는다는 것이다. 시삼백(詩三百)이 한목소리로 말하는 것이 思無邪. 사(思)는 마음으로 하는 생각이다. 상(想)은 머리로 하는 생각이다. 사(思)는 경험적이고 상(想)은 합리적이다. 선생님들이 사(邪)를 사악(邪惡) 사특(邪慝) 이렇게 번역을 하셨는데 이게 그렇게까지 무서운 글자는 아니다. 그냥 간사(奸邪) 이 정도로 충분하다. 그러니까 이 말씀은 시삼백을 공자님이 다 읽으시고 공자님이 왈(曰) 하는 것이 아니다. 시삼백이 하나하나 왈(曰) 하는데 그게 일언(一言)이라는 것이다. 시삼백 하나하나가 한결같이 思無邪. 생각하는 마음에 간사함이 없다. 시를 머리로 쓰는가? 시는 마음으로 쓴다.

為政 3장

子曰 道之以政 齊之以刑 民免而無恥 道之以德 齊之以禮 有恥且格

道之以政 도(道)는 1장 위정(爲政)을 받는다. 爲政以德. 덕으로써 정을 이룬다. '爲政之以政. 정으로써 정을 이루려고 하는 것은.' 덕(德)은 옳고 그름을 전제하지 않고 옳고 그름을 따지는 것이고, 정(政)은 옳고 그름을 전제하고 옳고 그름을 따지는 것이다. 그러니까 정(政)은 옳고 그름으로 옳고 그름을 따지는 것이다. 쉽게 보자면 그렇다.

齊之以刑 제(齊)는 법으로 하면 치(治)이다. 治之以刑. '형(刑)으로써 다스리려고 하는 것은.' 제(齊)는 가지런할 제(齊). 치(治)는 다스릴 치(治). 제는 사전에 예방한다는 것이고 치는 사후에 치료한다는 의미이다. 수신제가치국평천하(修身齊家治國平天下) 제가(齊家)의 제(齊)와 같은 글자이다. 가(家)는 대부(大夫)의 영지(領地)이다. 제(齊)는 국방과 외교를 뺀 나머지의 부분이다. 齊之以節. 절(節)이 율(律)과 같은 것인데 형(刑)과 통한다. 齊家治國. 제(齊)가 치(治)와 같다는 것은 가(家)가 국(國)과 같다는 말이겠다. 형(刑)으로써 치(治)를 하는 것은 마치 대부(大夫)가 제후(諸侯)와 같다는 말이겠다. 덕(德)은 왕(王)의 공(共)이 민(民)에 이르렀는데 정(政)은 왕(王)의 공(共)이 대부(大夫)에 그친다.

民免而無恥 '민(民)은 면(免)함으로 부끄러움이 없다.' 면(免)한다는 것은 형(刑)을 면한다는 것이 아니다. 죄(罪)를 지었으니 당연히 형벌(刑罰)을 받는다. 그러나 형벌을 받음으로 그 죄의 값을 다 치렀다고 생각한다는 것이다. 나는 형벌을 치렀으니 내게 더 따지지 말라. 치(恥). 부

끄러움이 없다는 것이다. 政之以政 治之以刑. 정(政)으로 따지고 형(刑)으로 다스리면. 인간은 부끄러움을 알아야 한다. 부끄러움을 모른다면 짐승과 다를 바가 없다. 가끔 동물극장 보면 요새는 개새끼도 부끄러움을 아는 척 하더라. 참으로 부끄러운 일이다.

道之以德 齊之以禮 有恥且格 도(道)는 위정(爲政). '덕(德)으로써 정(政)을 이루고 예(禮)로써 가지런히 한다면 민(民)은 부끄러움을 알아 인간으로서의 격(格)을 구(具)할 수 있다.' 구(具)는 갖출 구(具).

개새끼를 폄하할 의도는 없다. 개새끼도 덕(德)으로 가르치면 부끄러움을 안다.

爲政 4장
子曰 吾十有五而志于學 三十而立 四十而不惑 五十而知天命 六十而耳順 七十而從心所欲 不踰矩

吾十有五而志于學 '나는 15세에 학(學)에 지(志)를 두었다.' 지(志)는 성질(性質)이다. 이것은 역(力)이다. 마치 자석과 같은 끌리는 힘이다. 의지(意志)의 지(志)나 의(意)는 다만 지(志)를 알아차리고 응원하고 독려하는 것일 뿐이다. 경기장에 선수는 지(志)이다. 공자는 15세에 꿈에서 주공(周公)을 만났다. 기록에 없지만 미루어 알 수 있다. 주공(周公)은 공자에게 하느님이다. 또 붕우(朋友)이다. 有朋 自遠方來 不亦樂乎. 물론 하느님이 주공의 탈을 썼을 뿐이지 그가 진짜 주공은 아니다. 물론 아닌 것도 아니다. 우(于)는 어조사. 어(於)와 같은데 우(于)는 무형

(無形)에 쓰이는 듯싶다. 잘 모른다.

吾三十而志于立 너무나 당연하게 우(于)를 넣어서 보아야 한다. "서른 살에 기초가 확립(確立)되었다." "서른 살에 우뚝 섰다." 이렇게 보시면 안 된다. 공자가 입(立)하였는지는 글에 없다. 또 내가 보기로 공자가 입(立)하였다는 얘기는 찾아보지 못하였고 들어보지 못하였다. 다만 지(志)하였을 뿐이다. '나는 서른 무렵 독립(獨立)하고자 지(志)를 두었다.' 음 부끄럽군. 역시 육문사 선생의 번역은 훌륭하시다. 학(學)의 기본이 입(立)하였다고는 봐야겠다. 학(學)이 입(立)하였기에 독립(獨立)하고자 그 지(志)를 둔 것이다. 주공(周公)으로부터 독립선언(獨立宣言)을 하는 것이다. 의(意)가 아니라 지(志)인 것이다. 따지자면 이것은 주공이 공자에게 너도 이제는 혼자 좀 뭘 좀 해봐라 등을 떠미는 것이다. 둥지를 떠날 때인 것이다. 하느님이 더 이상 먹이를 물어다 주지 않는다. 입(立)에 지(志)를 두지 않을 수 없는 것이다. 우(于) 대신 어(於)를 써야 하는지는 모르겠다.

四十而志于不惑 '미혹(迷惑)되지 않음에 지(志)를 두었다.' 집 떠나면 개고생이다. 잔소리가 심하기로 그냥 부모 밑에 있는 것이 그리운 것이다. 하느님 품을 떠나니 온갖 귀신들이 유혹(誘惑)의 손을 뻗쳤다는 것이다. 공자가 나이 40대에 뭘 했는지는 나는 잘 모른다. 선생질을 했을 것이고 아마도 대부(大夫)들이 정치를 좀 하시라 권유가 많았을 것이다. 물론 자기들 밑에서. 할까 말까 고민이 좀 많았을 것이다. 나이가 40이 넘었다. 뭐라도 좀 해야 하지 않겠는가? 언제까지 애기들 데리고 가르치기만 하겠는가?

五十而志于知天命 공자가 50을 넘어 벼슬을 하였다. 작은 읍(邑)의 읍재(邑宰)이다. 지금의 군수쯤 되는지는 잘 모르겠다. 하여튼 몇 년 안에 초고속 승진을 하였다. 중앙정부의 국장이 되고 장관이 되고 마침내 총리대리까지 되었다. 총리대리는 재상(宰相)을 섭(攝)하였다는 것이다. 임금은 허울뿐이고 계씨(季氏)가 재상으로 권력을 쥐고 있었는데 계씨가 그것을 공자에게 맡긴 것이다. 그럼 이제 공자가 노(魯)나라의 최고 결정권자이다. 그런데 계씨가 보기에 공자가 예(禮)를 모르는 것이다. 권력을 맡긴 것은 그저 어른을 잘 모시고 일이나 열심히 하라는 것이지 권력을 손보는 것은 그야말로 얼토당토아니한 것이다. 계씨가 농간하여 공자를 쫓아내었다. 아예 노나라에서 쫓아내었다. 이후 14년간 공자는 이 나라 저 나라를 떠돌아다니는 신세가 되었다. '과연 내가 죽어야 한단 말인가?' 천명(天命)을 알고자 지(志)하였다는 말이겠다.

六十而志于耳順 귀가 순(順)해졌다는 것이 아니라 귀가 순해지도록 지(志)하였다는 것이다. 성질(性質)은 버릴 수가 없는 것이다. 군자가 성질을 버림은 곧 죽음인 것이다. 귀가 순하다는 것은 입이 순하다는 것과 같다. 입이 순해지도록 노력했다는 것이다. 공자의 60대는 거의 유랑 생활이다. 입이 더러워서야 얻어먹기 힘들다. 좋은 말 착한 말만 해야겠다. 칭찬할 것도 많은데 허물은 찾아서 무엇 하겠는가? 방귀 소리가 마치 은쟁반에 구르는 옥구슬 같소이다 그려. 공자는 아직 멀었다. 순한 맛만 알았지 아직 매운맛을 모른다. '그래도 살아야 한다.' 어쩌겠는가? 공자도 모르고 나도 아직 모른다.

七十而從心所欲 不踰矩 공자는 이제 늙었다. 마음은 여전히 청춘이

지만 나의 몸은 나의 마음을 따라 주지 않는다. 마음은 여전히 지(志)의 하고자 하는 바를 종(從)하지만 몸은 폼이 나지 않는다. 무슨 말을 해도 그저 늙은이 대접을 하는 것이다. 군자가 폼이 떨어지면 죽어야 한다. 아니라면 다만 침묵할 뿐이다. "마음이 하고자 하는 바를 따라 행동해도 법도에서 벗어나지 않았느니라." "마음이 원하는 바를 따라도 법도에 어긋남이 없었다." 구(矩)를 법도(法道)로 보는 법(法)을 선생들은 도대체 어디서 배웠는지 참으로 의문이다. 돌을 떡으로 만드는 비법은 참으로 어려운 것인데. 유(踰)는 넘다. 구(矩)는 곱자. 말 그래도 각을 넘지 못했다. 말발이 서지 않았다.

爲政 5장

孟懿子問孝 子曰 無違 樊遲御 子告之曰 孟孫問孝於我 我對曰 無違 樊遲曰 何謂也 子曰 生事之以禮 死葬之以禮 祭之以禮

孟懿子問孝 맹의자(孟懿子)가 효(孝)를 문(問)하였다. 맹의자가 누구인지 공부를 좀 해야 하는데 부끄럽게도 나는 모른다. 김용옥선생의 책에 아주 상세히 소개되어 있다. 빈말이 아니라 나는 김용옥선생님 존경한다. 선생은 열심히 사셨다. 예전에 한 번 보았지만 아주 복잡하고 슬픈 얘기라는 것만 남았지 기억에 없다. 아무튼 공자가 태어나기 약 백년 전에 삼환(三桓)이 시작되었다고 한다. 환공(桓公)이라는 왕이 있었는데 그 아들들이 삼환(三桓)인 것이다. 계손씨(季孫氏), 숙손씨(叔孫氏), 맹손씨(孟孫氏). 맹의자는 이 맹씨의 종주(宗主)이다. 그러니까 실권(實權)을 갖고 있는 왕족(王族)인 것이다.

子曰 無違 위(違)는 어기다. 위반(違反). '효(孝)가 무엇입니까?' 효(孝)를 문(問)하였다는 것을 이렇게 바로 해석하면 안 된다. 안 될 것도 없지만 폼이 나지 않는다. 문(問)하는 것은 지금 당신들이어야 한다는 것이다. '효(孝)란 무엇인가?' 문(問)하는 것이다. '어김이 없는 것이다.'

樊遲御 子告之曰 번지(樊遲)는 공자의 제자라는데 나는 모르는 분이다. 가르치는 애기들 중에 하나이겠다. 그래도 좀 똑똑한지 어린 나이에 계씨집안에서 벼슬을 하였다고 한다. 어(御)는 어거할 어(御). '번지가 마차를 몰고 있었다.' 공자가 대사구(大司寇)의 벼슬을 하고 있을 때로 짐작한다. 장관급으로 국무위원이다. 고(告)는 고할 고(告). 고백(告白). 이것은 일종의 고해성사(告解聖事)이다. 지(之)는 앞의 문장을 받는다. '공자가 일어난 일을 고(告)하였다.'

孟孫問孝於我 我對曰 無違 '맹손(孟孫)이 아(我)에게 효(孝)를 문(問)하였고 아(我)는 대(對)하여 왈(曰)하기를 어김이 없는 것이라 하였다.' 앞의 문장을 그대로 반복한 것이다. 이것은 반성(反省)의 기본이다. 그냥 잘못했다가 아니라 내가 과연 무엇을 잘못했는가를 그대로 따지는 것이다. 아(我)를 앞에서 보지 않았는가? 아(我)는 배타적인 아(我)이다. 반성은 아(我)가 하는 것이지 오(吾)가 하는 것이 아니다. 오(吾)가 인간의 일이라면 아(我)는 하늘의 일이다.

樊遲曰 何謂也 야(也)로 마쳤으니 야(也)로 해석한다. 위(謂)는 보증하는 것이다. 번지가 아는 척을 한 것이다. '부모님 말씀을 잘 따르는 것이 효라는 말씀이군요.' 하위야(何謂也)는 이렇게 해석을 해야 한다. '저

도 부모님 말씀을 어기지 않으려고 애를 쓰는데 늘 부족하여 죄송스러운 마음뿐입니다.' 뭐 이런 얘기를 한 것이다.

子曰 生 事之以禮 死 葬之以禮 祭之以禮 이건 그냥 욕이다. 배타적 아(我)를 쓴 것이다. '살아계심에 예(禮)로써 섬기고, 돌아가심에 예(禮)로써 장사지내고, 제사도 예(禮)로써 지내라.' 이것을 법(法)으로 해석을 하니까 선생님들 같은 번역이 나오는 것이다. 효(孝)는 부모와 자식의 일이다. 친(親)의 관계이다. 친의 관계에서는 예(禮)를 따지는 것이 아니다. 친(親)의 관계에서는 신(信)과 의(義)가 같다. 신(信)이 곧 의(義)이고 의(義)가 곧 신(信)이다. 친(親)의 관계에서 의(義)를 따지면 그야말로 의(義)가 상한다. 신(信)이 깨진다는 것이다. 그러면 그냥 남과 같은 것이다. 나는 맹의자를 이해한다. 공자도 이해했다. 맹의자는 왕족이고 맹씨 종가의 종주인 것이다. 이것은 부자의 관계가 아니라 차라리 군신의 관계에 가깝다. 무위(無違). 어김이 없는 것이다. 이것도 어렵다. 그냥 1절만 하자. 예(禮)와 법(法)이 짬뽕이니 어렵다. 하여튼 공자님 말씀은 법(法)대로 한 것이다. 별 문제 없다. 그러나 예(禮)에는 어긋나니 회개(悔改)하는 말씀이다.

爲政 6장
孟武伯問孝 子曰 父母 唯其疾之憂

孟武伯問孝 맹무백(孟武伯)은 5장 맹의자(孟懿子)의 아들이다. 부자가 나란히 출연하였다. 문효(問孝) '효(孝)란 무엇인가?'

父母 唯其疾之憂 '부모는 다만 그 마음이 병들까 걱정할 뿐이다.' 효(孝)하고자 하는 그 마음만 잃지 않는다면 그것이 바로 효(孝)이다. 법(法)으로 따지나 예(禮)로 따지나 같다.

우(憂)는 머리의 걱정이고 환(患)은 마음의 걱정이다.

爲政 7장
子游問孝 子曰 今之孝者 是謂能養 至於犬馬 皆能有養 不敬 何以別乎

子游問孝 자유(子游)도 어린 제자라는데 나는 모르는 분이다. '효(孝)란 무엇인가?' 자유(子游)가 효(孝)를 문(問)하였다. 내가 보기에 문맥의 구조상 효가 무엇이냐 물은 것은 공자이다. 공자가 먼저 물었고 자유가 답을 하였다. 그 답에 대한 말씀이다.

今之孝者 是謂能養 至於犬馬 자유가 무엇이라고 대답을 했는지 알 수 있다. '지금의 효라고 하는 것은 그저 부모를 잘 보살펴 드리는 것이라고만 하는데, 그렇게 따지자면 개와 말에 이르기까지도 그 주인에게 나름 보살핌을 다하는 것이지 않겠느냐?'

皆能有養 不敬 何以別乎 '사람은 사람 나름으로 짐승은 짐승 나름으로 각기 다 그 부모와 그 주인을 보살피는 것이거늘, 경(敬)이 불(不)하다면 어찌 무엇으로써 사람과 짐승을 가리겠는가?' 경(敬)은 경천(敬天). 경(敬)은 기본이 경천(敬天)이다. 법(法)으로 따지자면 '그것을 왜

가려야 하느냐?' 반문이 들어와야 한다. 내가 의미 전달을 잘 했다면. 사람은 사람 나름으로 그 부모를 보살피고, 짐승은 짐승 나름으로 그 주인을 보살피니 도대체 무엇이 문제인가? 이것이 자유가 '효(孝)란 무엇인가?' 문(問)하는 것이다. 숙제이다.

爲政 8장
子夏問孝 子曰 色難 有事弟子服其勞 有酒食先生饌 曾是以爲孝乎

子夏問孝 자하(子夏)가 효(孝)를 문(問)하였다. 효가 무엇이냐 공자가 물었다. 자하가 대답했다.

色難 색난(色難)은 그냥 난색(難色)이다. '표정 관리가 안 되는구나.'

有事弟子服其勞 여기서 제자(弟子)는 그냥 농(弄)이다. 극존칭이다. 내가 보기에 유(有)가 가정(假定)으로 쓰이는 듯싶다. 복(服)은 복종(服從). '네 말대로 부모를 섬기는 사(事)가 일로써 이미 다 있다면, 네 놈은 열심히 일해서 돈만 벌면 되겠구나?'

有酒食先生饌 찬(饌)은 반찬 찬(饌). 생(生)은 생산(生産). 비유의 말씀인데 의미 전달은 잘 모르겠다. '술과 밥은 이미 다 마련되어 있다는 것이니 그럼 우선 반찬을 만들어라.'

曾是以爲孝乎 위효(爲孝) 위인(爲人) 위정(爲政) 다 같은 구조이다. '효(孝)를 이루고자 함.' 좀 무서운 공자이시다. 야단치시는 공자이시다.

'일찍이 이놈이 이럼으로써 효(孝)를 이루었도다!' 시(是)는 자하(子夏)님이라고 본다. 공자께서는 애들을 어찌 가르치시었기에 애들이 다 이 모양인가? 아무튼 예(禮)로써 가르치시는 까닭이겠다. 법(法)대로 가르치면 공자가 아는 것을 그냥 제자에게 가르쳐주면 된다. 그러나 예(禮)는 공자가 아는 것을 제자가 스스로 깨우치기를 기다려 주는 것이다. 법(法)은 답(答)을 찾는 것이고 예(禮)는 문(問)을 구하는 것이다. 문(問)을 구하면 답(答)은 스스로 찾는다.

為政 9장
子曰 吾與回言終日 不違如愚 退而省其私 亦足以發 回也不愚

그러던 중에 안회(顏回)가 나선 것이다.

吾與回言終日 언(言)을 언쟁(言爭)의 언(言)으로 보아도 되겠다. '나는 해가 지는 줄도 모르고 안회(顏回)와 더불어 말하였다.'

不違如愚 '어긋나지 않음이 우(愚)와 같았다.'

退而省其私 이것이 무승부라면 공자가 진 것이다. 이것은 두려운 것이다. 나보다 잘난 놈이 있다는 것은 일단은 두려운 것이다. 그런데 그놈이 내 집구석에 있었다니 그런데도 내가 지금까지 몰랐다니 이것이 도대체 무엇이란 말인가? 퇴(退) 물러나다. 그리고 성(省). 기사(其私). 나는 선생이 아니고 너는 학생이 아니다. 성(省). 또 성(省).

亦足以發 역(亦). 그 또한. 안회(顔回) 또한. '발(發)로써 족(足)하고 있었다.'

回也不愚 '안회는 내가 뿌린 씨가 아니다.'

이게 언제쯤 얘긴지는 모르겠다. 나이 차이가 30세라니 공자가 40대 안회가 10대 때일 것이다. 이 논어(論語)의 저자가 바로 이 안회(顔回)이다. 적어도 내가 본 것은 다 안회가 적은 것이다.

爲政 10장
子曰 視其所以 觀其所由 察其所安 人焉廋哉 人焉廋哉

"그 행하는 바를 보고, 그 말미암은 바를 따지며, 그 지향하는 바를 살핀다면, 사람들이 어찌 자신을 숨길 수 있으리오! 사람들이 어찌 자신을 숨길 수 있으리오!" 김용옥선생의 번역이다.

視其所以 시(視)는 주시(注視). 소이(所以)는 소이(所以). 까닭. '그 까닭을 주시하고.' 이 사람이 지금 뭐 땜에 이러는가? 지금 무슨 말을 하고 싶은 것인가? 주시(注視).

觀其所由 관(觀)은 중요한 글자이다. 이 자를 알아야 한다. 이 자를 알면 꿰뚫어 볼 수 있다. 이 자를 아는 법은 성(省)이다. 오랜 시간 축적된 성(省)을 통해서 알 수 있다. 유(由)는 자유(自由)의 유(由)이다. 그 사람의 자유(自由)를 꿰뚫어 본다는 것이다. 그 사람이 그렇게 하는 까닭

을 내가 직접 그 사람의 입장이 되어서 따져본다는 것이다. 말은 쉽지만 어려운 것이다.

察其所安 찰(察)은 관찰(觀察). 주시(注視)가 일방(一方)이라면 관찰(觀察)은 사방(四方)이다. 사방에서 시(視)하면 그것이 찰(察)이다. 안(安)은 안정(安定). '그 안정하는 바를 관찰한다.'

人焉廋哉 어리석고 미련한 인간들. 수(廋)는 숨길 수(廋). 그런데 이 것은 그냥 숨기는 것이 아니라 은익(隱匿)하다. "남의 물건이나 범죄인을 감추다." '어찌 숨길 수 있겠는가?' '어찌 숨을 수 있겠는가?' 공자는 경찰(警察)이다. 조사하면 다 나온다.

아마도 9장에서 안회에게 충격을 먹고 성찰(省察)하시는 말씀이겠다.

爲政 11장
子曰 溫故而知新 可以爲師矣

溫故而知新 온(溫)은 온기(溫氣). 고(故)는 연고(緣故). 연(緣)은 인연(因緣). 인(因)은 원인(原因). 그러니까 이 온(溫)은 원(原)에 닿는 것이다. '그 원(原)을 놓치지 않고 신(新)을 안다면.' 쉬운 예로 뉴턴과 아인슈타인을 들 수 있다. 상대성이론은 신(新)이지만 뉴턴의 법칙을 온(溫)하였다. 그 원(原)을 놓지 않았다. 이것이 무슨 얘기냐 하면 그 뿌리는 같은데 그 줄기가 다르다는 것이다. 뿌리는 호박인데 줄기는 수박이다. 그런 의미이다.

可以爲師矣 이것이 내 얘기인가? 오버하지 말자. 공자님 얘기이다. 뿌리는 아직 깊고 튼튼하지만 더 이상 열매를 기대할 수 없는 줄기를 잘라버렸다. 그리고 공자가 그 자신을 접붙이기 한 것이다. 사실 이것은 예수의 얘기이다. 구약과 신약. 야훼와 예수. 야훼의 뿌리와 예수의 줄기. 인간들은 모르지만 여호와와 예수는 그 뿌리가 전혀 다르다. 물론 그 원(原)을 따지자면 전혀 다른 것은 아니지만 아무튼 다르다. 나는 생각했다. 이것이 필시 둘 다 죽으리라. 당신들이 미쳤는가? 쪽팔렸다. 그래서 지금 내가 이 꼴을 하고 있는 것이다. 열매 맺지 않는 공자의 줄기를 잘라내고 나의 생장점을 접붙이기 하는 것이다. 이것이 살까? 그냥 쪽팔릴 뿐이다. 이 기술은 이미 예수가 써먹은 기술이다. 신(新)이 아니다. 물론 예수가 아니라 예수의 아버지이지만. 그렇게 예수의 아버지는 죽었다. 대신 예수가 산 것이다. 야훼도 죽고 예수의 아버지도 죽고. 그렇게 예수가 살아남은 것이다. 나는 아마 그때 잘려진 야훼의 줄기이리라. 내 말투가 그렇지 않은가? 맞다. 말투는 맞다. 공갈과 협박이 안 통하면 다음은 죽여 버린다. 그러한 까닭으로 나는 지금 새로운 싹을 키우고자 하는 것이다. 위사(爲師) '사(師)를 이루고자 함.' 그래서 예수가 그렇게 말하지 않았는가? 죽어야 한다고. 죽어야 산다고. 어리석고 미련한 인간들. 진실로 아무도 죽지 않았다. 신(新). 죽지 않으면 죽이면 되지 않겠는가? 예수는 모르지만 나의 위대한 신들의 가문에서는 그것이 어려운 일이 아니다. 의(矣) 이것이 주장과 의지를 담지만 주관적(主觀的)인 것이다. 객관적(客觀的)으로 따지면 그냥 개소리이다. 선생은 아무나 해도 된다.

為政 12장

子曰 君子不器

이것이 군자불기(君子不器)라고 쓰고 군자비기(君子非器)라고 읽는 것이다. '군자는 그릇이 아니다.' 군자는 그릇이 아니고 다른 그 무엇이다. 선생은 아무나 하는 것이 아니다. 불(不)에는 금(禁)의 의미가 있다. '군자는 그릇되고자 하지 말아야 한다.' '군자는 그릇되고자 하여서는 안 된다.' 내가 객관적으로 보기에도 개소리이다. 내가 주식할 때는 돈을 잃어도 그래도 속은 편했는데 선물옵션거래는 다르다. 일일정산을 하니까 내일이 보장되지 않는 것이다. 아껴서 쓰면 10년은 그래도 먹고 산다 하였는데 이제는 한 달 앞이 잘 안 보인다. 미치겠다. 아무래도 이 미친 신이 내 성격 테스트 하는 것 같다. 내가 큰 그릇은 애초에 생각이 없었다. 그렇지만 작은 그릇도 안 되겠는가? 이 미친 신은 안 된다 이다. 지금 내 그릇 됨이 간장 종지만 하다. 小大由之 有所不行. 그래? 그래서 나는 큰 그릇이 되기로 했다. 그런 까닭으로 나는 지금 이 글을 쓴다.

為政 13장

子貢問君子 子曰 先行其言 而後從之

子貢問君子 자공(子貢)이 물었다. '군자(君子)가 무엇입니까?'

先行其言 선행(先行)은 선행학습(先行學習). 군자가 무엇인지 먼저 학습(學習)을 하라는 말씀이겠다. 행(行). 네가 알고 있는 것을 먼저 행(行)해 보라는 말씀이다.

而後從之 이후(而後)는 이후(以後). 종(從)은 좇을 종(從). "목표, 이상, 행복 따위를 추구하다." 본인이 학습하여 군자는 이러이러한 것이다 답을 얻으면 그냥 그 답(答)을 좇아 행(行)하라는 말씀이겠다.

자공(子貢)이 군자(君子)를 문(問)하였다.

爲政 14장
子曰 君子周而不比 小人比而不周

"군자(君子)는 두루 사귀어 편당(偏黨)하지 않고, 소인(小人)은 편당(偏黨)하여 두루 사귀지 못하느니라." "군자는 두루 마음쓰고 편당 짓지 아니하며, 소인은 편당 짓고 두루 마음쓰지 아니한다."

군자(君子)와 소인(小人).

군자는 군자와 소인을 비(比)하지 않는다. 소인은 군자와 소인을 비(比)한다. 비(比)는 비교(比較). 군자는 소인이다. 적어도 나는 소인이다. 물론 나는 군자이다. 그런데 당신들은 군자가 아니다. 다만 내가 소인일 뿐이다. 주(周). 두루 주(周). 말씀이 어렵다. 하여튼 객관적으로 다 개소리이다.

주관적(主觀的)으로 13장의 자공의 문(問)으로 좇으시기를 바란다.

爲政 15장

子曰 學而不思則罔 思而不學則殆

"배우기만 하고 생각지 않으면 어둡고, 생각하기만 하고 배우지 않으면
위태로우니라." "배우기만 하고 생각지 않으면 맹목적으로 되고, 생각하
기만 하고 배우지 않으면 위태롭다."

성의 없어 보이는 글쓰기가 죄송하다. 나는 이미 더 할 말이 없다. 선
생님들께 기대어 쪽 수나 채우자 뭐 그런 마음이다. 너그럽게 생각해 주
시면 감사하겠다.

學而不思則罔 이것은 진짜 미친 소리이다. 학(學)하면서 어찌 사(思)
하지 않을 수 있겠는가?

思而不學則殆 역시 나는 그냥 소인이다. 학(學)과 사(思)가 따로 있을
수 있다는 것에 동의한다. 나는 오랜 시간 위태로웠다. 마치 외줄을 타
는 듯한 느낌이었다. 지금도 좀 그렇다. 학(學)은 신(信)의 길이고 사(思)
는 의(義)의 길이다. 사의 의의 길은 마치 날카로운 칼날을 밟는 것과도
같다. 아니라면 그냥 학(學)하시고 모르겠으면 그래도 그냥 학(學)하시
라. 나는 권유하지 않는다. 그래도 학(學)하시면서 꼭 사(思)하시라. 안
그러면 망(罔)인 것이다. 그물 안의 고기인 것이다. 우물 안의 개구리이
다. 나는 그냥 우물 안에서 만족한다? 그것을 두고 바로 우물 안 개구
리라고 하는 것이다. 아무튼 사(思)하시길 바란다. 사(思)는 성(省)이다.
이 글을 읽는 당신들 중에 나보다 학(學)이 부족한 이는 하나도 없다.

아마도 없을 것이다. 그러니 비(比)하지 마시고 그냥 사(思)하시라.

爲政 16장

子曰 攻乎異端 斯害也已

攻乎異端 공(攻)은 공격(攻擊). '공격하였는가?' '물리치었는가?' 내가
아마 세 번째인가 볼 때 이것을 봤다. 그야말로 골을 때렸다. 나랑 장난
하는가? 논어(論語)의 논(論)의 의미를 알려주는 말씀이다. 내가 개소리
라고 한 것은 그냥 다 개소리이다. 주관적으로 객관적으로 다 개소리이
다. 내가 여기서 안회(顔回)를 보았다. 이 글 지은이를. 안회를 위로한다.
그대를 위로한다. 그대는 이제 평안하라. 공호(攻乎)? 이단(異端)은 이단
(異端). "자기가 믿는 이외의 도(道)." 그러나 내가 미안하다. 나는 이단
(異端)을 공격하지 않는다. 다만 그대는 평안하라.

斯害也已 '이것은 해롭다.' 이(已). 굳이 말할 것도 없이. 솔직히 나는
지금 논어를 처음 보는 것과도 같다. 내가 논어를 다시 보기로 내가 글
자로 기억하는 것은 하나도 없다. 시간이 흘러 인간의 늙음과 같이 시
간이 흘러 다시 보는 논어도 그러한 듯싶다. 아마도 내가 더 똑똑해 진
것이겠다. 아니면 더 멍청해졌던가. 아무튼 안회가 해롭다 한 것에 내겐
이미 면역이 생겼다. 내가 바로 이단(異端)이다. 아니라면 그때 죽여 버
려도 늦지 않다.

글이 자꾸 산으로 가는 듯싶다. 막힘이 있으면 참이 넘칠 때까지 기다
릴 필요가 있다. 그렇지만 나는 그냥 계속 쓴다.

爲政 17장

子曰 由 誨女知之乎 知之爲知之 不知爲不知 是知也

由 유(由)는 자로의 명(名)이다. 자로(子路)는 자(字). 공자보다 9세 아래다. 참고로 안회가 30세 자공이 31세 연하라고 한다. 내가 얼굴을 아는 공자의 제자는 이 셋이다. 다른 분들은 내가 얼굴을 그릴 수 없어 아는 척 하기가 어렵다.

誨女知之乎 회(誨) 가르칠 회(誨). 이게 가르칠 교(敎)와 글자가 다르지 않은가? 그러면 따져보아야 한다. 그냥 '가르치다' 한글로 같이 보아서는 의미를 잘 모른다. 언(言)과 매(每) 의 형성문자(形聲文字)이다. 그럼 어떻게 따지는가? 내게 따지지 말고 그냥 따지면 된다. 혼자 따지기 어려우면 왜 나는 혼자 못 따지나 또 따져보면 된다. 가난하다면 그 가난을 즐길 줄 알아야 한다고 이미 보았다. 학(學)은 사(思)하여야 하고 또 습(習)하여야 한다. "너에게 안다는 것이 무엇인가를 가르쳐 주랴?" "내 너에게 안다고 하는 것을 가르쳐 주겠다." 그래야 이런 개 풀 뜯어 먹는 소리를 안 한다. 회(誨)는 회언(誨言). "훈계하여 가르치는 말." 훈계(訓戒) "타일러서 잘못이 없도록 주의를 줌. 또는 그런 말." 그러니까 이것이 좋은 말로 좋게 타이르는 것이 회(誨)이다. 남의 자식 가르치는 것이다. 내 자식이었으면 회초리인데. '자로는 여자의 안다고 하는 것을 가르칠 수 있도다!'

知之爲知之 不知爲不知 '아는 것을 안다 하고 모르는 것을 모른다 한다.' 다만 내가 글로 배운 여자로 말하자면, 여자는 아는 것을 안다고

하지 않고 모르는 것을 모른다고 하지 않는 경우가 좀 더러 있다고 한다. 긍정과 부정이 모호한 경우가 더러 있다고 한다. 공자님이 또한 여자를 아시는가? "여자란 무엇인가?" 김용옥선생의 책 제목인데 나도 한번 봤는데 선생은 여자를 모른다. 전통적으로 여자와 소인은 동급이었다. 그러나 나는 정통적으로 그렇다고 본다. 정통(正統). 지금은 상놈의 시대이니 소인의 시대이다. 여자와 소인은 동급이니 여자와 남자는 평등(平等)하다. '자로는 소인의 안다고 하는 것을 훈계할 수 있도다!' 문장은 여기서 호(乎)로 마쳤다. 이어지는 말씀은 설명하는 말씀이다. 이것은 자로를 두고 하는 말씀이다. '자로는 아는 것을 안다고 말하고 모르는 것을 모른다고 말한다.' 이것은 공자가 감탄하는 것이다. '나보다 낫다!' 소인을 가르침에는 자로가 나보다 낫다! 내가 설명이 부족하여 혹 오해를 부를지도 모르겠다. 여(女)는 그냥 소인(小人)으로 바꿔서 보면 된다. 소인을 화나게 하면 법으로 따져야 한다. 그런데 공자는 법으로 못 따진다. 안 따진다. 공자는 예로 따지니 예로써 따진다. 예로써 따지자니 할 말이 없는 것이다. "자녀의 떡을 취하여 개들에게 던짐이 마땅치 아니 하니라." 예수도 또한 여자를 좀 아는가? 나는 잘 모른다. 나는 그냥 소인인 까닭이다. 나는 그냥 법대로 하자면 법대로도 잘 한다. 물론 싸우면 내가 진다.

是知也 '여자의 안다고 하는 것을 가르칠 수 있도다!' '여자를 가르치는 지(知)가 있도다!' 둘러치나 메치나 같은 말이다. 시(是)는 앞의 문장을 받는다. 知之爲知之 不知爲不知. '이런 지(知)이다.' 예(禮)의 지(知)가 아니라 법(法)의 지(知)이다. '아는 것을 안다고 하고 모르는 것을 모른다고 한다.' 이것은 오히려 자로가 공자에게 가르칠 수 있는 것이다.

물론 아무것도 따지지 않는다면 말이다. 회(誨)는 훈계(訓戒)이다. 교
(敎)와 다르다. 소인을 회(誨)하는 것이 자로가 공자보다 낫다는 것이다.

爲政 18장
子張學干祿 子曰 多聞闕疑 愼言其餘則寡尤 多見闕殆 愼行其餘則
寡悔 言寡尤 行寡悔 祿在其中矣

子張學干祿 '자장(子張)이 녹(祿)에 대하여 학(學)하였다.' 이 말씀에
서 자장은 이미 녹(祿)을 받고 있는 것이다. 녹을 구하는 법을 배우는
것이 아니라. 녹을 받는 벼슬아치가 어찌 하면 녹에 걸맞은 것인가 그것
을 학(學)한다는 것이다. 공자가 이미 설(說)하였다. 이어지는 말씀이 이
미 공자가 설(說)한 말씀이고 그것을 학(學)한다는 것이고 그것을 사
(思)한다는 말씀이다. 자장이 진짜 녹을 받고 있다는 것이 아니라 말씀
이 그렇다는 얘기이다. 무식이 죄이다. 내 얘기다. 내가 쓴 글을 내가 읽
어도 무식이 너무 표가 난다. 죄송하다.

多聞闕疑 문(聞)은 반드시 문(問)을 함께 보아야 한다. 내가 문(問)하
여 듣는 것이 문(聞)이다. 내가 물어서 듣는 것이 문(聞)이다. 多聞. 많
이 물어서 많이 들으라. 궐(闕)은 대궐 궐(闕). 궁궐(宮闕). 구중궁궐(九
重宮闕). "겹겹이 문으로 막은 깊은 궁궐." 의심나는 것은 그곳에 모셔
두라는 말씀이다. 버리라는 얘기가 아니다. 의심을 어찌 버리는가? 내가
문(問)하여 돌아온 의문(疑問)을 어찌 버리겠는가? '많이 묻고 많이 들
어서 의문이 남는 것은 깊이 간직한다.' 녹을 받는 벼슬아치의 일이라는
것이다.

愼言其餘則寡尤 '의심나는 것을 제외한 그 나머지를 신중하게 말하면 잘못이 적다.' 우(尤)는 더욱 우. 지날 과(過)와 통한다. 잘 하려고 하다가 잘못 된 것이 우(尤)이다. 과(過)의 지나침은 욕심이 부른 허물이다. 같은 허물이지만 의미가 다르다. 즉(則)은 곧 즉(則). 즉(卽)과 어찌 다른가? 글자가 다르다. 의심이 드는 것은 제외하라고 했는데 나는 그냥 다 말한다. 왜냐하면 나는 그냥 법대로 하면 된다. 내가 진다 하였지만 당신들 모두를 말하는 것은 당연히 아니다. 법대로 하여 나를 이기는 자가 복이 있도다. 예로 따지자면 하나도 살아남지 못한다. 이렇게 말하면 우(尤)가 된다는 것이다. 예가 그렇다는 것이다. 예(例).

多見闕殆 견(見) 자를 보았던가? 모르겠다. 또 보면 된다. 견(見)은 얼굴 마주 보는 것이 견(見)이다. 직접 찾아가 보라는 것이다. 공무원이 서류만 들여다보지 말고 의심이 드는 것은 직접 찾아가 봐야 한다는 말씀이다. 물론 다(多)는 다다익선(多多益善). 태(殆)는 위태(危殆). 내 목숨이 위태로운 건 궐(闕)하라는 말씀이다. 아무리 좋은 일이라 하여도 잘못하여 내 자리가 위태해서야 할 수는 없는 것이다. 공무원이 말이다.

愼行其餘則寡悔 내가 잘리는 걱정이 있는 것을 제외하고 신중하게 실행(實行)하면 뉘우침이 적다. 회(悔)는 후회(後悔). 아니 후회에서 후는 제외한 그냥 회(悔). 후회는 과(過)의 일이고. '아쉬움이 적다.' 이런 의미에 가깝다. 후회는 잘리고 나서 하는 것이 후회. 공무원 목숨은 파리 목숨인 것이다. 따지자면 나도 지금 공무(公務)를 보는 것과 같다. 위대한 신들의 신탁(神託)으로 지금 이 글을 쓴다. 그런데 내 목숨이 파리 목숨과도 같다. 솔직히 공무원은 그런 심정으로 일을 해야 한다. 솔직히

녹을 받는 양심이 그렇지 않겠는가? 적어도 내 양심은 그렇다. 그런데 실질적으로 부끄럽지만 나도 지금 철가방이다. 법대로 하니까 그렇다는 것이다. 내가 말을 쉽게 함부로 막 해도 그래도 법은 지킨다. 왜냐하면 그것은 내 목숨의 일이니까. 그러나 이것은 부끄러운 일이다. 성의 없는 그러니까 신중하지 못한 글쓰기가 부끄럽다. 부디 성(省)하시어 가려서 보시길 바란다. 아쉬움이 후(後)의 일이 되어서는 안 된다. 지금 현재의 아쉬움을 적게 하는 것이다. 성(省)을 하는데 어찌 아쉬움이 남지 않겠는가? 다만 적게 하는 것이다.

言寡尤 行寡悔 祿在其中矣 '언사(言事)에 잘못이 적고 행정(行政)에 아쉬움이 적으면.' '녹(祿)은 기(其) 중(中)에 재(在)한다.' 내가 예(例)를 잘못 들었다. 이 자는 고위(高位) 공무원이다. 다시 따져야 하는데 당신들이 하시라. 고위 공무원은 법대로만 해서는 안 된다. 나는 그냥 다 말한다 하였는데 잘못이다. 고위 공무원은 다 말 해서는 안 된다. 조심하고 또 조심해야 한다. 신중하고 또 신중해야 한다. 고위 공무원이 예(禮)를 모른다면 그 나라는 망(亡)한다. 아무리 법(法)의 시대이지만 고위 공무원에는 그래도 예(禮)의 흔적이 남아 있는 것이다. 말이 좀 꼬이지만 남아 있어야 한다는 것이다. 흔적도 없다면 그것은 말법(末法)인데 내가 알기로 말법은 아직 멀었다. 아무튼 잘 따지시어 큰 그릇 되시라. 아무튼 자장님이 꿈이 크신가 보다. 몰라 뵈었다. 재(在)는 있을 재(在). 녹은 그러한 중에 재(在)한다. 아무튼 공무원은 성심성의껏 열심히 일해서 세금도둑이 되지 말아야 한다는 그런 말씀이다. 재(在)도 중요한 글자인데 다음에 본다. 의(矣)는 은근하게 의지 주장을 담는다.

爲政 19장

哀公問曰 何爲則民服 孔子對曰 擧直錯諸枉 則民服 擧枉錯諸直 則
民不服

哀公問曰 애공(哀公)은 공자 말년의 노나라의 젊은 왕(王)이라는데
나는 아는 것이 없다.

何爲則民服 복(服)은 복종(服從)의 복(服). '어떻게 하면 백성이 따르
겠는가?' 이렇게 해석하면 즉(則)과 즉(卽)은 거의 같다. '인민이 군주를
따른다고 하는 것은 군주가 무엇을 어찌 해야 한다는 말인가?' 번역이
개떡 같지만 찰떡 같이 알아들으면 된다. 인민이 군주를 따르는 것은 나
와 상관없이 이미 따로 정해져 있다는 것이다. 내가 어찌 해서 인민이
따르는 것이 아니라 인민이 따르는 군주는 이미 분명히 있는데 내가 어
찌 하면 그 군주가 되느냐 그런 말이다. 그 말이 그 말이 아니냐 따지시
면 오해이다. 민이 따르는 군주상은 이미 정해져 있고 내가 어찌 하면
그 군주가 되겠느냐 그런 말이다. 즉(則)에서 그런 의미를 찾을 수 있다.
설명이 길어지는 것은 순전히 내가 공부가 부족하다는 것이다. 부끄럽
게 생각한다. 내가 보기에 애공이 공부를 많이 했다. 착한 왕(王)인 듯
싶다.

孔子對曰 자대왈(子對曰)이 아니라 공자대왈(孔子對曰)인 것은 애공
이 제후인 까닭이겠다. 나는 그냥 배타적 아(我)의 의미로 본다. 왕의
덕목은 공부를 많이 한 것도 착한 것도 아니다. 경천(敬天). 이것을 회
(誨)의 가르침으로 설명하기 어렵다. 그래도 왕인데 불쌍하니까 답은 준

다. 왜 배타적 아(我)를 쓰는가 하면 傳不習乎 시험할 수 없다는 것이다. 그가 왕(王)인 까닭에. 시험하지 않겠다는 것이다. 내가 전(傳)하는 것에 대하여 내가 책임을 지지 않겠다는 것이다. 당신이 내 말의 뜻을 오해를 해도 그것이 내 책임은 아니다.

擧直錯諸枉 則民服 擧枉錯諸直 則民不服 착(錯)은 착각(錯覺). '강도가 칼을 들고 착각하여 내가 돈을 달라는 것이 아니다 말하여도 민은 돈을 줄 것이고, 강도가 꽃을 들고 착각하여 어서 돈을 내놔라 하여도 민은 돈을 주지 않을 것이다.' 의미는 그렇다. 그럼 애공이 여기서 무엇을 문(問)하여야 하는가? 이것은 답(答)을 찾는 것이 아니라 문(問)을 구하는 것이다. 그러나 애공은 다만 답(答)을 물었고 공자는 다만 그 답(答)을 주었다. 법(法)대로 하라. 직(直)의 말씀을 주셨으니 아마 애공이 곱게 죽지 못할 것이다. 결국 타국으로 쫓겨나 타지에서 죽었다. 그래서 이름이 애공(哀公)이다.

爲政 20장
季康子問 使民敬忠以勸 如之何 子曰 臨之以莊則敬 孝慈則忠 擧善而敎不能則勸

季康子問 계강자(季康子)도 공자 말년의 인물로 계씨(季氏) 가문의 종주(宗主)이다. 이 인간도 다만 답(答)을 찾는 것이다. 문(問) 뒤에 붙은 주제가 없다. 이 인간이 노나라의 실질적 통치자이다. 19장의 애공과 이어서 보면 되겠다.

使民敬忠以勸 如之何 내가 보기에 이 인간도 착하다. 나름 민(民)을 위해서 애쓴다. 권(勸)은 권할 권(勸). 권장(勸獎). 이것은 캠페인을 말하는 것이다. '공경(恭敬)하세요.' '충성(忠誠)하세요.' 사(使) 하여금 사(使). 이 자가 민(民)을 알기를 우습게 안다. 칼을 들어도 모자랄 판에 꽃을 든단다. 칼을 들었으면 돈을 달라고 하면 안 된다. 애공이 이것을 몰랐다. 칼을 들었으면 내가 돈을 달라고 하는 것이 아니라고 적극적으로 사양함으로 말해야 한다. 그래야 민(民)이 복(服)하여 돈을 준다. 다음에도 계속 준다. 그런데 칼을 들고 돈을 달라 하면 그 때는 주지만 다음을 기약하기 어려운 것이다. 민(民)을 만만히 보면 안 된다. 민(民)의 자존심을 지켜 주고 민의 자발성을 키워야 한다. 그런데 이 자는 꽃을 들고 돈을 달라고 한다. '공경 좀 하세요.' 민이 어찌 하겠는가? '너나 좀 하세요.' 답이 너무 뻔하다.

子曰 臨之以莊則敬 그래도 어쨌거나 애공은 내 자식인 것이고 계강자는 남의 자식인 것이다. 가르침의 떡을 줌이 옳다. 임(臨)은 임전무퇴(臨戰無退)의 임(臨). 장(莊)은 장엄(莊嚴). 싸움에 장엄하게 임하면 즉(則) 민이 경(敬)한다. 평화는 꽃에서 나오는 것이 아니다. 칼끝에서 나온다. 물론 폼만 잡는 것이고 가끔 폼을 바꾸는 것일 뿐이지만. 물론 폼이 떨어지면 죽든가 죽이든가 다른 문제이지만. 아무튼 꽃으로는 아무 것도 할 수 없다. 왕(王)의 일이 말이다.

臨之以孝慈則忠 자(慈)는 자애(慈愛). 싸움에 효성스럽고 자애롭게 임하면 즉 민이 충성한다. 반드시 살아남아라. 반드시 살아남아서 집으로 돌아가 부모님께 효도해야 한다. 이 싸움은 우리의 사랑하는 아들

딸들을 위한 것이다. 자식들의 편안한 미래를 위해서 우리는 반드시 이겨야 한다. 내가 말이 부족하지만 이러면 민이 충성(忠誠)한다.

擧善而敎不能則勸 거(擧)는 들 거(擧). '선(善)을 들어 선(善)으로써 가르침에 능(能)할 수 없음에 즉(則) 권(勸)을 말하는 것이다.' 계강자가 권(勸)을 말하는 것은 이미 선(善)을 들어 민을 교(敎)할 능력(能力)이 없음을 말한다는 것이겠다. 권(勸)은 민이 스스로 알아서 공경하고 충성하라는 것이다. 민이 스스로 알아서 다 하면 왕은 뭐하냐? 그러면 왕은 스스로 알아서 죽든가 내려오든가 해야 한다. 권(勸)의 사민(使民)은 어불성설이다. 왕(王)의 일이 그렇다는 것이다. 그러나 오늘날 민주의 대통령은 권(勸)할 수 있다. 민주(民主)가 좋은 것이니 인민들이 스스로 알아서 하시라 권(勸)할 수 있다. 법(法)이 그렇다. 법은 그것을 오히려 선(善)이라고 한다. 오늘날 대통령은 꽃을 들고 '돈을 좀 주세요.' 구걸 할수 있다. 명색이 강도지만 그것은 거지이다. 그러나 공자의 때에는 폼이 그렇게까지 무너지지는 않은 것이다. '꽃으로 한번 맞아 볼래?' 공자님이 계강자에게 권(勸)하시는 좋은 말씀이다. 계강자는 실질적인 왕(王)이다. 공자께서 그렇게 대우하여 답하시었다.

爲政 21장
或謂孔子曰 子奚不爲政 子曰 書云 孝乎 惟孝 友于兄弟 施於有政 是亦爲政 奚其爲爲政

或謂孔子曰 혹(或)은 계씨(季氏)이다. 계강자(季康子)의 조부(祖父) 계평자(季平子)이다. 공자가 40대 때의 일이라 추정한다. 위(謂)는 보증

하는 것이다. 그 사람이 무엇을 보증하는 것인가 관찰(觀察)함으로써 그 사람의 사람 되고자 함을 엿볼 수 있다. '계씨가 공자를 일컬어 왈 (曰)하였다.'

子奚不爲政 '부자(夫子)께서는 어찌 정(政)을 이루려 하지 않으시는 가?' 해(奚)는 어찌 해(奚). 왜. Why. 계평자가 사람을 보낸 것이다. 내 밑에서 일을 좀 하라. 안 한다고 했다. 그런데 또 사람을 보낸 것이다. 왜 안 하냐? 아니다. 공자가 보낸 사람인 듯도 싶다. 나는 당신 밑에서 정(政)을 이룰 생각이 없다. 말 전하는 이가 계씨에게서 듣고 다시 공자 에게 전하는 말이다. 어쩌면 공자의 30대 때의 일인지도 모르겠다. 말 전하는 이는 양호(陽虎)이다. 양호는 계평자의 가신(家臣)이다. 양호가 공자에게 묻는 것이다. '어찌하여 정(政)을 이루려 하지 않는가?' '학식이 있는 자로서 어찌하여 인민(人民)을 돌보려 하지 않는단 말인가?' 이런 의미이다. 공자가 젊어서 처자식과 먹고 살자니 계씨집에서 가축 키우 는 일을 좀 했다. 그때 이미 다 아는 사이이다. 똑똑하고 일 잘 한다고. 그래서 생산직에서 관리직으로 좀 뽑아 쓰려고 했는데 공자가 거절한 것이다.

子曰 공자가 50이 되도록 왜 벼슬을 못 했는지 아는가? 이미 찍힌 것 이다. 이미 찍혔으니 계평자가 죽을 때까지 벼슬은 못 한다. 아니면 공 자가 숙여야 하는데. 공자는 30에 입(立)하기로 이미 지(志)하였다. 계평 자 정도야 숙일 까닭도 없고 관심도 없다.

書云 김용옥선생에 의하면 이것이 지금 전해지는 서경(書經)에는 없

는 말씀이라고 한다. 찾아봐야 하는데 나는 다만 선생이 찾아본 것을 찾아 볼 뿐인 것이다. 선생이 없다 하면 없는 줄 알아야 한다. 그런데 내가 그렇게는 못 한다. 없으면 만들면 된다. 서(書)는 성경의 로마서 고린도전서 갈라디아서 에베소서 하는 그 서(書)와 같다. 서(書)는 고인(古人)이 보낸 편지인 것이다. 꼭 서경(書經)에서 찾으라는 법은 없다.

孝乎 惟孝 友于兄弟 나는 이게 무슨 말을 하는 것인지 다 안다. 그런데 아는 것과 아는 척 하는 것과는 좀 다르다. 인간들은 아는 척은 잘 하는데 사실 아는 것이 별 없다. 나 또한 그렇다. 내가 아는 것은 많은데 사실 아는 척 할 수 있는 게 별 없다. 효호(孝乎). 내가 더 알아야 하나? 공자가 무슨 말을 하고 싶은 것인지 이미 다 안다. 정(政)과 효(孝)가 무슨 상관인지 어떤 상관인지 나는 이미 다 안다. 그런데 아는 척 하는 것은 내가 안다고 하는 것과는 또 아주 많이 전혀 다른 듯싶다. 서로 말이 같지 않은 것이다. 나의 언어와 사람들의 언어가 같지 않다. 내가 사람들의 언어를 배우거나 아니면 사람들이 나의 언어를 배우게 하여야 한다. 나는 노력하고 있는 것이다. 그러니 너그럽게 좀 봐 주십사 내가 구걸하는 것이다. 나는 학(學)할 터이니 당신들도 좀 사(思)하시라. 권(勸). 내가 꽃을 들기로 돈을 달라 하지는 않는다. '꽃으로 맞아 봤는가?' 나는 때린다. 내가 돈을 달라 하는 것이 아니다. 다만 나는 알아서 주기까지 계속 때린다. 유효(惟孝). 유(惟)와 유(唯)는 어찌 다른가? 글자가 다르다. 따지자면 글자가 비슷하다. 유(惟)는 주관이고 유(唯)는 객관이다. 유일신(唯一神)은 잘못된 말이고 유일신(惟一神)이라 함이 옳다. 효(孝)는 학이 2장에서 보았다. 더 할 말이 없다.

施於有政 奚其爲爲政 시(施)는 베풀 시(施). 시주(施主). 유정(有政)은 정치가(政治家). 공자께서 애들 데리고 가르치시는 것이 정치가에 시주하는 것이라 한다. 해(奚)는 어찌 해(奚). 왜. Why. '어찌 그 정을 이루는 것만을 정을 이루는 것이라고 하겠는가?' 효(孝)를 이루는 것이 곧 정(政)을 이루는 것과 같다. 유(惟)와 유(唯)가 같다고 하신다. 따지자면 같을 수도 다를 수도 있다. 같다면 같게 따지면 되고 다르다면 다르게 따지면 된다. 내가 보기에 시니컬한 공자이다. 비싸게 구는 공자이다. 말씀은 사이비(似而非) 같다. 올챙이와 개구리가 같은가? 같다면 같고 다르다면 다르다.

爲政 22장
子曰 人而無信 不知其可也 大車無輗 小車無軏 其何以行之哉

人而無信 신(信)은 기본적으로 부채의 개념이다. 빚이다. '인간이면서 신(信)이 없다.' 인간은 태어나면서 이미 하늘에 빚을 지고 태어나는 것이다. 태어나면서 이미 하늘에 갚아야 할 빚이 있는 것이다. 인간들이 돈을 떼먹으려 하는가? 그러나 그러는 수는 없다. 인간이 하늘의 돈을 떼먹는 수는 진실로 하나도 없다. 공자의 공연한 걱정이다.

不知其可也 가(可)는 인(人)을 받는다. '그 인간이 인간이라 함을 알지 못한다.' 신(信)이 없는 인간은 인간이 아니다. 그러면 짐승이겠다. 짐승만도 못한 인간. 좀 어려운 말씀이다. 법으로 따지자면 인간의 탈을 쓰고 있으면 그냥 다 인간이다. 짐승만도 못한 인간. 인간만도 못한 신(神). 위대한 신들의 사회에서도 가끔 인간만도 못한 신이 있기는 있다.

그렇지만 그들은 법의 보호를 받는다. 짐승만도 못한 인간도 법은 법의 테두리 안에서 보호를 해 준다. 부지(不知). 알지 못한다. 공자께서 예(禮)로 따지자니 그렇다는 것이겠다.

大車無輗 小車無軏 대거(大車)는 적어도 말이 두 마리 이상 보통 네 마리가 끄는 수레이고 소거(小車)는 한 마리가 끄는 수레이다. 예(輗)와 월(軏)을 선생님들은 멍에라고 했는데 그 연결 방식에서 아마도 차이가 있음에 글자가 다른 것이겠다. 나는 잘 모른다. 아무튼 '큰 수레에 예(輗)가 없고 작은 수레에 월(軏)이 없다.'

其何以行之哉 특별한 의미는 없다. 신(信)이 없으면 인간(人間)이 아니라는 말씀을 재차 강조하시는 말씀이겠다. '그것이 어찌 수레로써의 역할을 하겠는가?' 인간이 수레이고 신(信)이 멍에이다. 그럼 말은 무엇인가? 쉬운 문제이다. 말은 어디에 있는가? 공자. 말씀. 하느님. 이게 다 마(馬)이다. 예수도 말이고 세존도 말이다. 나는 내가 신(信)을 쓰지 않는다고 여러 번 말했다. 거짓말이다. 아마도. 지금은 내가 내 멍에를 지고 있지만 나도 언젠가는 저들에게 넘길 것이다. 죽이지 않는다면 신(信)을 써야 한다. 人而有信. 이것은 틀린 말이다. 人而在信. 이것이 옳다. 무(無)와 유(有)는 신(信)을 따짐에서 다르지 않다. 신(信)은 재(在)가 옳다. 그런데 이 미친 신을 길들이기가 참으로 어렵다.

爲政 23장
子張問 十世可知也 子曰 殷因於夏禮 所損益 可知也 周因於殷禮 所損益 可知也 其或繼周者 雖百世 可知也

子張問 자장(子張)이 물었다. 그냥 물은 것이고 다만 청(聽)하였다는 것이겠다.

十世可知也 세(世)는 세대(世代). 1세대를 보통 30년으로 친다. '열 세대의 앞을 알 수 있다고 하는데 정말 그렇습니까?' 야(也)로 마쳤으니 야(也)로 번역해야 한다. 자장이 어디서 주워들은 얘기를 공자에게 물은 것이다. 열 세대면 300년.

子曰 殷因於夏禮 所損益 可知也 인(因)은 인연(因緣). '은나라의 예는 하나라의 예에서 비롯하는 것이니 그 해로운 바와 그 이로운 바를 따지자면 하나라가 왜 망했는지 알 수 있다.' 그 해로운 바가 그 이로운 바보다 크다면 언젠가는 망하는 것이다.

周因於殷禮 所損益 可知也 '주나라의 예는 은나라의 예에서 비롯하는 것이니 그 해로운 바와 그 이로운 바를 따지자면 은나라가 왜 망했는지 알 수 있다.' 그런데 따진다는 말은 어디에 있고 망했다는 말은 또 어디에 있는가? 可知也. 내가 지어낸 얘기이다.

其或繼周者 雖百世 可知也 혹(或)은 공자이다. 계(繼)는 계승(繼承). '주나라를 계승하는 자는 비록 백 세대라도 알 수 있다.' 백 세대면 3000년. 공자가 2500년이 넘었으니 공자의 말이 참이다. 공자는 2500년 후에도 여전히 공자님 말씀을 보게 된다는 것을 이미 알고 있었다. 대단하다. 나는 거대한 공룡들이 1억년의 세월을 영위하다 멸종했다는 것을 안다. 인간들의 세계를 계승하는 자가 있다면 비록 만 세대라도 알 수

있다. 만 세대면 30만년. 부족하다. 만세에 또 만 세. 만만세. 30억년. 이 정도는 알아야 좀 안다 하겠다.

爲政 24장
子曰 非其鬼而祭之 諂也 見義不爲 無勇也

역시나 마치는 글은 거지 같다. 공자가 내 귀신은 아니다. 내가 제사 지냄은 아첨(阿諂)이다. 안다. 의(義)를 견(見)하고도 위(爲)하지 않음은 용(勇)이 없음이다. 나도 안다. 나는 위(爲)하지 않으려고 했다. 이것이 내 일은 아니다 나는 그렇게 생각했다. 그런데 목구멍이 포도청이다. 결코 내가 용(勇)을 자랑함이 아니다. 나는 다만 그저 먹고 살아야 한다는 것일 뿐이다. 내 일이 보통 다 그렇다. 보통 거의 생존(生存)의 일이다. 누군가 용(勇)이 있는 자가 있다면 내가 기꺼이 죽는다. 내가 그 정도의 용(勇)은 있다. 물론 나의 생존의 일인 까닭에 나를 죽이지 못한다면 나는 죽인다. 견(見)은 얼굴 마주 보는 것이 견(見)이다. 의(義)의 얼굴을 마주 본다는 것이다. 불가에서의 견성(見性)의 견(見)도 이 자를 쓴다. 그 실체(實體)를 마주 본다는 것이다. 당신들도 의(義)를 아는가? 안다면 아마 당신은 죽을 것이다. 내가 장담한다.

八佾

八佾 1장
孔子謂季氏 八佾舞於庭 是可忍也 孰不可忍也

孔子謂季氏 말씀의 공자(孔子)는 배타적 아(我)로 본다. 공자가 계씨를 보증하였다. '계씨는 이런 인간이다.' 계씨는 계평자이다. 공자의 40대이다. 만약 나중에 계씨가 그런 인간이 아니란 것이 밝혀진다면 공자는 죽는다. 쪽팔려서 죽어야 한다. 당연히 죽어야 한다. 예(禮)가 본시 그렇다.

八佾舞於庭 정(庭)은 가정(家庭). 팔일무(八佾舞)는 천자(天子)의 예(禮)이다. 제후(諸侯)는 육일무(六佾舞) 대부는 사일무(四佾舞) 그것이 예(禮)인 것이다. 계씨가 비록 왕(王)을 섭(攝)하고 있지만 계씨는 대부(大夫)이다. 집안에서는 사일무가 합당하다. 그런데 그가 왕(王)을 섭(攝)하였으니 그가 거의 제후(諸侯)인 것이다. 그럼 꼴사납지만 그래도 육일무가 맞는 것이다. 그런데 어찌 팔일무를 춘다는 말인가? 이것이 주공(周公)의 까닭이다. 주공이 거의 천자(天子)에 가깝다고 주(周)나라 초(初)에 허락하고 노(魯)나라에 용납하였다. 까닭에 주공(周公)의 사당에서는 천자의 예(禮)로 대대로 팔일무(八佾舞)을 추었다. 계씨는 이 주공의 후손이다. 가깝게는 환공(桓公)의 아들인 삼환의 직계이다. 어차피 따지자면 다 자기 조상(祖上)이라는 것이다. 그런 까닭으로 계씨가 팔일무(八佾舞)를 대부의 가(家)에서 추었던 것이다.

是可忍也 '이것은 참을 수 있다.' 인(忍)은 참을 인(忍). 인(忍)도 중요한 글자이다. 용(勇)이란 무엇인가? 위정24장을 여기서 문(問)하시고 성(省)하시어야 한다. 용(勇)이란 인(忍)이다. 見義不爲 無勇也. 공자는 불의(不義)를 보았다. 왜 위(爲)하지 않는가? 다만 공자는 불의(不義)를 시(視)한 것이다. 의(義)를 견(見)한 것이 아니다. 이런 일로 죽는 것은 그

야말로 개죽음이다. 공자는 그렇게 성(省)하였다. 그렇게 인(忍)한 것이다. 시(是)는 공자이다.

孰不可忍也 숙(孰)은 누구 숙(孰). '누군가는 참을 수 없을 것이다.' 야(也)로 마쳤으니 야(也)로 해석해야 한다. 누군가는 참을 수 없을 것이다? 누구? 이미 기록되어 있으니 그가 누구인지 알 수 있다. 그는 양호(陽虎)이다. 양호가 인(忍)할 수 없을 것이라는 것을 공자는 알고 있었다.

나는 이것이 혹 공자가 고자질한 것이 아닌가 생각했다. 그래서 양호가 실패한 것이라고. 나는 아직도 의심을 거두지는 않았다. 공자가 고자질하고 읍재(邑宰)의 벼슬을 얻는 것이라고. 전후 상황이 딱 그런 것이다. 양호가 패배하고 뜬금없이 공자가 벼슬을 하는 것이다. 물론 이런 의심은 궐(闕)하여야 하는 것이지만. 공자는 고자질 하였다.

八佾 2장
三家者以雍徹 子曰 相維辟公 天子穆穆 奚取於三家之堂

三家者以雍徹 '삼가(三家)의 것들이 옹(雍)의 노래로써 제사를 마치었다.' 철(徹)은 통할 철(徹)이다. 그럼 '마치었다'로 번역하면 안 되지 않겠는가? 철(徹)과 철(撤)은 글자가 다르다. 철야(徹夜) 철저(徹底) 관철(貫徹) 철천지원(徹天之寃) 말의 쓰임이 '마치었다'로 볼 수 없다. '끝까지 고집하였다' 이런 의미로 보는 것이 타당하다. '끝까지 자기가 진짜 천자라도 된 듯이 진지하고 엄숙하게 옹(雍)의 노래로써 제사를 마쳤다.' 진지 엄숙은 글에 있는 말이다.

天子穆穆 옹(雍)은 시경에 나오는 말씀이란다. 나는 잘 모르니 김용옥선생의 책에서 옮긴다. 찾아봐야 한다. 주송(周頌)에 있단다.

有來雝雝 제후들이 오네 화목하고 또 화목토다.
至止肅肅 다 이르러서는 엄숙하고 또 엄숙토다.
相維辟公 제후들이 제사를 돕네.
天子穆穆 그 가운데 천자의 모습 그윽히 빛나도다.

유래(有來) 제꾼들이 온다. 옹옹(雝雝) 시끌벅적 하다. 지지(至止) 제사 준비가 끝났다. 숙숙(肅肅) 엄숙하고 엄숙하다. 상유(相維) 제후들이 늘어섰다. 벽공(辟公) 공에게 숙였다. 천자(天子) 공은 주 무왕이다. 목목(穆穆) 찬란하고 또 찬란하다.

奚取於三家之堂 공자가 뭘 모르는 것이다. 이게 다 자기들 조상(祖上)이라니까? 삼가(三家)가 다 왕족(王族)이다. 주 무왕으로부터 직계 환공에 이르기까지 다 자기들 조상이라니까? 자기들 조상에게 최상(最上)의 예(禮)를 다하는데 도대체 뭐가 문제인가? '어찌 삼가(三家)의 당(堂)에서 옹(雍)을 취(取)하는가?'

相維 시의 말씀에서 상(相)은 재상(宰相)의 상(相)이다. 제후가 상(相)이 되는 것이다. 辟公 왕(王)이 공(公)이 되는 것이다. 왜? 이것이 하늘의 제사인 까닭이다. 하늘이 왕(王)이 되는 것이다. 하늘이 왕(王)이 되는 까닭에 천자는 공(公)이 되는 것이다. 예(禮)가 그런 것이다.

八佾 3장

子曰 人而不仁 如禮何 人而不仁 如樂何

人而不仁 나는 인(仁)을 공동체(共同體)에서 보았다. 나와 너가 같다는 것이다. 나의 마음과 너의 마음이 같다는 것이 인(仁)이다. 세상 사람들이 다 같다는 것이 인(仁)이다. 그런데 이게 설명이 안 된다. 인(仁)은 지금 없다. 죽었다. '인(仁)은 인(忍)이다.' 참는 것이 인(仁)인 것이다. 법(法)이 그렇다. 예(禮)는 모른다. 예(禮)의 인(仁)은 참으로 오랜 시간 성(省)하여야 한다. 그 오랜 시간을 당신들은 참을 수 없을 것이다. 그러니 인(忍)의 인(仁)을 먼저 행(行)하시고 성(省)하시면 되겠다. 나도 모른다. 부끄럽다. 이 글은 대부분 내 머리에서 쓰는 것이다. 내 마음은 이미 글을 마쳤다. 살펴보시길 바란다. '사람이면서 인(仁)하지 않다면.'

如禮何 '예(禮) 같은 것은 무엇인가?' 사이비(似而非). 지금의 예는 그냥 다 사이비 예이다.

人而不仁 如樂何 '악(樂) 같은 것은 무엇인가?' 사이비(似而非). 내가 지금 얘기하는 것들이 다 사이비 악이다. 나는 불인(不仁)하다. 내가 이미 고백하지 않았던가? 내가 인(仁)하였다면 나는 아마 벌써 죽었을 것이다. 나는 다 죽여 버리자고 했다. 나의 하느님이 거절했다. 내가 불인하다고 이 미친 신이 나를 거의 죽일 뻔했다. 이것은 장난이 아니다. 그래서 나는 오래 살기로 했다. 당신들도 오래 사시라. 악(樂)은 낙(樂)으로 바꿔서 보면 되겠다. 낙(樂)은 애초에 모든 것이 사이비(似而非)이다. 세존(世尊)께서 설(說)하시었으니 살펴보면 되겠다. 애초에 인간세상이

사이비(似而非)이다. 이것도 세존께서 설하시었는데 세존은 참으로 위대하시다. 내가 아는 것은 없지만 아는 척은 잘한다. 공자님 말씀의 주제가 뭔지는 잘 모르겠다. 그래서 어쩌라고? 참으라고.

八佾 4장
林放問禮之本 子曰 大哉問 禮與其奢也 寧儉 喪與其易也 寧戚

林放問禮之本 '임방(林放)이 예(禮)의 본(本)을 문(問)하였다.' 임방은 재야(在野)의 학자(學者)이다. 이 자는 양호(陽虎)의 스승이다. 이 자는 본(本)을 따지는가? 근본주의(根本主義) 원리주의(原理主義) 이 자의 사상이 그렇다. 이런 자들의 사상은 좀 과격하다. 양호가 그래서 과격하다. '예의 근본이 무엇입니까?' 선생들은 이렇게 묻지 않는다. '예(禮)라는 것이 본(本)디 이러이러한 것이 아니겠는가?' 임방이 이렇게 물었다.

子曰 大哉問 이것이 칭찬인지 아닌지 잘 모르겠다. 문(問)은 득(得)하는 것이다. 공자의 대답을 보자면 임방은 문(問)을 득(得)하였다. 그런데 그 문(問)이 너무 크다는 것인지 아니면 정말 크다는 것인지 잘 모르겠다. 공자가 답(答)을 준 것인지 아니면 새로운 문(問)을 준 것인지 잘 모르겠다. 아무튼 근본주의자들은 고기를 잡으러 산으로 가야한다고 주장하는 자들이다. 고기를 잡으려면 바다로 가야지 왜 산으로 가냐? 따져봐야 말귀를 못 알아듣는다. 고기가 물과 섞여서 그냥 같이 내려오는 줄 안다. 산에서 고기가 샘솟는 줄 안다. 사실 연어와 같은 회귀성 어종은 그렇다. 그야말로 산에 가면 물이 반이고 고기가 반이고 그렇다. 그러나 그것이 아무 때나 그런 것이 아닌 것이다. 보통 저 인간들은 그러

한 때를 모른다.

禮與其奢也 寧儉 여기(與其) 영(寧) 이것이 한문에서 숙어라고 한다.
'與其 A 寧 B A라기 보다는 차라리 B.' 나는 모르고 선생의 책에 있다.
굳이 몰라도 해석이 그럴 듯싶은데 잘 모르겠다. "예(禮)는 사치하기보
다는 차라리 검소(儉素)해야 하고." "예는 사치스럽기 보다는 차라리 검
소해야 하고." 사(奢)는 사치할 사(奢). 사치가 틀린 말은 아니지만 사
(奢)는 허세(虛勢)에 가깝다. 검(儉)은 검소(儉素) 소박(素朴). 공자의 이
말씀은 그냥 기본(基本)의 말씀이다. 근본(根本)을 따진 것이 아닌 것이
다. 공자께서 아마도 잘 타이르시는 말씀인 듯싶다. '근본을 따지지 말
고 그냥 기본이나 잘 하시라.' 내가 아는 모든 군자(君子)들은 이렇게 설
(說)한다. 네 자신을 알라.

喪與其易也 寧戚 상(喪)은 초상(初喪). 역(易)은 역색(易色). 척(戚)은
친척(親戚)의 척(戚)인데 친(親)은 뺀다. "친족(親族)이 아닌(성이 다른)
겨레붙이의 관계. 곧 고종(姑從)·이종(姨從)·외종(外從) 등(等)의 관계
(關係)" 한자사전에서 옮겼다. 먼 친척이다. 인척(姻戚). "상(喪)은 형식
(形式)을 갖추기 보다는 차라리 슬퍼해야 하느니라." "상(喪)은 형식적
절차를 따르기 보다는 차라리 슬퍼야 한다." 공부는 사(思)로 하는 것이
지 상(想)으로 하는 것이 아니다. 공부는 마음으로 하는 것이지 머리로
하는 것이 아니다. 공부는 마음의 욕심으로 하는 것이 아닌 것이다. 내
가 말은 잘 한다. 이 선생들은 아마 한자를 만 자도 더 읽을 것이다. 나
는 천 자도 못 읽는다. 솔직히 내가 백 자를 읽을까 싶다. 귀가 순하지
않으니 입이 더러운 것이다. 선생들도 좀 학(學)만 하지 마시고 사(思)를

좀 하시라. 선생들도 아마 나중에 기회가 있을 것이다. 너는 학(學)이 좀 많이 부족하구나. 부끄럽고 쪽팔린다. '낯빛을 바꾸어 지나치게 슬퍼하기 보다는 차라리 먼 친척과 함께 함이다.' 이것은 상(喪)의 기본이다.

예(禮)의 근본(根本)이 무엇이냐? 공자는 말씀하지 않았지만 나는 한다. 별 어렵지 않다. '이기지 못하면 굽힌다.' 이것이 예(禮)의 근본이다. 기어이 피를 봐야 하겠다면 그 때는 죽인다. 반드시 죽여야 한다. 피를 보고도 죽이지 않은 까닭에 죽지 않은 까닭에 예(禮)가 무너진 것이다. 이 미련한 인간들은 그것을 애(愛)이니 자(慈)이니 비(悲)이니 포장을 그럴 듯하게 하지만 다 개똥인 것이다. 이미 그 놈이 그 놈인 것이다. 위대한 신(神)이 인간의 세상에 예(禮)를 세운 것은 공연히 피를 보지 말라는 것이었다. 공연히 개죽음을 당하지 말라는 것이었다. 다시 한 번 사(思)하고 또 사(思)하여 함부로 덤비지 말라는 것이었다. 이기지 못하면 죽는다. 반드시 죽는다. 그 쪽팔림을 살아서는 감당할 수 없는 것이다. 그것은 내 스스로가 죽는 것이다. 그러니 개죽음을 당하지 말고 사(思)하여 이기지 못할 것 같으면 알아서 굽히라. 그것이 예(禮)이다. 그것이 예(禮)의 근본(根本)이다. 쉬운 예를 들자면 이것이 아직도 남아 있는 흔적이 있으니 조폭이다. 조직폭력배. 상(想)의 영화 속에 나오는 조폭들의 예(禮)가 곧 예(禮)의 근본이다. 모든 근본(根本)의 따짐은 결국에 원시시대(原始時代)에 닿는 것이다. 그 원(原)의 시(始)를 알고 싶은가? 불가(不可)하다. '奢也 이것이 혼례(婚禮)의 근본이고, 易也 이것이 상례(喪禮)의 근본이다.' 내가 보기에도 임방이 공부 많이 했다. 大哉問. 아들의 결혼식은 빚을 내서라도 호사스럽게 하고 아버지의 죽음은 근심하던 낯빛을 바꾸어 오히려 환하게 웃는 것이다. 이것이 예(禮)의 근본(根

本)이다. 임방의 말이 맞다. 그런데 이것은 로또와 같은 것이다. 오래 못 산다.

八佾 5장
子曰 夷狄之有君 不如諸夏之亡也

이(夷)는 동이(東夷). 적(狄)은 북적(北狄). 오랑캐이다. 오랑캐라 함은 배타적 아(我)를 쓰는 것이다. '우리'에 배타적 '우리'를 쓰는 것이다. 배타적으로 본 다른 무리가 오랑캐이다. '오랑캐의 군주(君主)가 되는 것은 멸망한 하나라의 유민(遺民)이 되는 것만 못하다.' 이것은 정확한 번역이다. 따질 것이 있으면 따지라. 아니라면 죽어 버린다. 겁나지 않은가? 겁나서 못 따지지 않겠는가? 그러면 따지지 말라는 얘기이다. 사(思)하라 하였으니 혼자 따지라. 도무지 인(忍)할 수 없다면 그때 따지라. 다시 한 번 충고하건대 잘 따지시라. 이것이 예(禮)이다. 그런데 이 오랑캐는 예(禮)를 모른다. 그야말로 귀가 막히고 코가 막힌다. 무턱대고 따지고 덤빈다. 나중에는 죽이기도 귀찮다. 그냥 네놈들이 알아서 해라. 그래서 예(禮)가 무너졌다. 오랑캐가 승리한 것이다. 슬픈 얘기이다.

양호라는 인물에 대하여 후세의 인간들은 오해를 하는 듯싶다. 양호가 나쁜 인간이 아니다. 다만 그가 오랑캐일 뿐인 것이다. 공자의 배타적 아(我)로 보았을 때 양호의 아(我)가 그렇다는 것이다. 아마도 양호가 난(亂)을 공자와 상의하였을 듯싶다. 상의는 아니고 낌새는 주었을 것이다. '당신이 왕(王)을 하라.' 아마도 양호는 공자를 왕으로 세우려고 하였을 듯싶다. 四十而不惑. 공자가 거절했다. 그리고 4장의 임방(林

放)이 찾아온 것이다. 완곡하게 거절했다. 그리고 고자질 하였는가? 군자(君子)의 고자질은 범인(凡人)의 고자질과 다르다. 다만 낌새를 주었을 뿐이다. 무엇이 다른가? 아무튼 다르다. '양호에 의하여 왕이 되는 것은 차라리 지금의 왕의 버려진 민이 되는 것만 못하다.' 공자는 사(思)하였다. 이것은 답이 너무나 분명한 것이다. 개죽음이다. 양호에게는 경(敬)이 없는 것이다. 경(敬)을 모르는 것이다. 그저 인간의 일이라 생각하는 것이다. 양호가 사람을 잘못 본 것이다. 그것이 양호의 죄이다. 양호가 실패하여 제나라로 도망하여 거기서 죽지 않았다. 제나라의 왕을 만났는데도 죽지 않았다. 그러면 양호가 나쁜 놈이 아니라는 것은 분명한 것이다. 나중에 진(晉)나라로 가서 거기서 또 대부로 이름을 얻었다. 양호는 그저 공자를 바지 사장으로 앉히고 싶었던 것이다. 무엇이 다르단 말인가? 지금의 왕도 바지 사장인데? 다만 계씨와 양호가 바뀔 뿐이다. 공자는 다만 명분일 뿐인 것이다. 내가 말을 지어내는 것이 아니다. 글에 다 있다. 공자가 나이가 40이 넘었다. 공자가 바보인가? 바보이겠는가? 기록되지 않은 공자는 이미 이름을 얻고 있는 것이다. 아는 자는 이미 다 안다. 공자의 이름 됨을. 왕도 알고 계씨도 안다. 다만 너무 비싸게 굴어서 찾지 않을 뿐이다. 부리기가 어려운 것이다. 그러던 중에 고자질을 함으로써 서로 통하는 바가 있다 생각한 계씨가 벼슬을 시킨 것이다. 내가 지어낸 얘기이다. 글에 다 있다는 것은 거짓말이다. 양호가 자신이 왕이 되려고 난(亂)을 일으킨 것이 아닌가? 아니다. 그것은 분명하다. 그리고 양호는 난을 일으키지 않았다. 공자의 고자질로 계씨가 먼저 공격한 것이다. 싸움은 계씨가 일으킨 것이다. 그렇지 않다면 양호가 결코 살아남을 수가 없다. 물론 내가 지어낸 얘기이다.

八佾 6장

季氏旅於泰山 子謂冉有曰 女弗能救與 對曰 不能 子曰 嗚乎 曾謂
泰山 不如林放乎

季氏旅於泰山 여(旅)는 나그네 여(旅). 이것은 일종의 순례(巡禮)이
다. '계씨가 태산의 신을 찾아 참배하였다.'

子謂冉有曰 위(謂)가 염유(冉有)를 보증한다는 것일까? 계씨(季氏)를
보증한다는 것은 아닐까? 역시 오버하면 안 된다. 염유이다. 이것을 '염
유에게 말하였다.' 이렇게 번역하면 안 된다. '염유를 두고 말하였다.' 염
유는 문(聞)하는 것이 아니라 다만 청(聽)할 뿐이다. 염유의 경청(傾聽)
하는 자세이다. 경청은 답을 찾는 것이지 문을 구하는 태도는 아니다.

女弗能救與 여(女)는 여여(如女). 불(不)과 불(弗)이 어찌 다른가? 불
(不)은 내가 인식하여 감당할 수 있는 불(不)인데 불(弗)은 내가 인식하
여 감당할 수 없는 불(弗)이다. 내가 보기에 그렇다. 아니라면 말고. 일
은 이미 일어난 일인 것이다. 계씨는 이미 순례를 무사히 마치었다. 이
미 다 끝난 일을 따지시는 것이다. 공자님이. 그래서 화가 나신 것이다.
이미 화가 많이 나 있는 것이다. '이 계집애 같은 놈이.' 아마 공자가 유
랑에서 돌아오고 바로인 듯싶다. 염유는 공자와 유랑하다 계씨에 가신
(家臣)으로 갔다. 가(家)는 대부의 영지(領地)이다. 가신(家臣)은 사(私)
가 아니라 공(公)이다. 오늘날의 가신(家臣)과는 의미가 전혀 다르다.
대부의 가(家)에서는 인민에게서 세금을 직접 걷는다. 가신(家臣)은 공
무원이다. '이 계집애 같은 놈아, 네가 정녕 막을 길을 찾지 못하였던 것

이냐?' 확인하는 것이다. 막을 길이 있었는데도 혹 다른 뜻이 있었던 것이 아니었는가. 보증하기 전에 확인하는 것이다.

對曰 不能 '능력(能力) 밖의 일이었다.' 내가 인식하기로 내 능력 밖의 일이었다. 염유를 변명하자면, 또 같은 소리이지만 계씨는 왕족이다. 왕을 섭(攝)하였으니 거의 왕이다. 내가 무슨 수로 막겠는가?

子曰 嗚乎 행여 불(弗)을 물었는데 불(不)이라 대답했다. 오호(嗚乎) 네가 지금 반항을 하는 것이냐? '무능(無能)도 아니고 불능(不能)이라?' 통재(痛哉)라. 방법론적으로 막을 길은 많다. 갑자기 말이 다 죽는다. 아니면 집에 불이 나서 홀라당 다 탔다. 그러면 못 간다. 그런데 이건 목숨을 걸어야 한다. 행여 잡히지 않았다고 하더라도 그 행(行)의 지(志)를 감당할 수 있어야 한다. 그런데 그런 것들은 염유의 인식 밖의 일이었다는 것이다.

曾謂泰山 不如林放乎 따지자면 공자도 오락가락하는 것이다. 자기는 인(忍)하면서 왜 염유는 인(忍)하지 말라는 것인가? 사실 공자는 그것을 문(問)한 것이다. 그런데 염유의 대답에서 인(忍)을 찾을 수 없었다. 인(仁)을 찾을 수 없었고 경(敬)을 찾을 수 없었다. 적어도 이미 10년을 넘게 염유를 보았을 것인데 어찌 그것을 이제야 보았단 말인가? 공자여? 따지자면 백 년을 봐도 모르는 수가 있다. 위(謂)는 보증하는 것이다. '내가 일찍이 태산(泰山)을 보증하였다.' 그런데 '내가 임방(林放)만도 못하단 말인가?' 말씀인즉 염유가 목숨을 걸었어야 했다는 것이다. 사(思)를 해보자. 그것이 그렇게 죽을 일인가? 목숨을 걸만한 가치가 있는 일

인가? 태산에 가서 제사를 좀 지냈기로 그것이 무슨 죽을 일인가? 아니 그것이 죽을 일이라 할지언정 내가 왜 말려야 하나? 내가 왜 죽어야 하는가? 내가 죽기로 무엇이 달라지겠는가? 아니 그런가? 내 생각엔 염유의 말이 맞다. 내 목숨은 소중한 것이니 그것은 개죽음이다. 공자의 변도 들어봐야 하는데 말씀에 없다. 모르겠다. 나는 찾지를 못하겠다. 曾謂泰山. 이 의미를 내가 모르겠다. 과연 순교를 할 만한 가치가 있다는 것인지 나는 모르겠다. 다만 공자가 위(謂)하였다고 하니 다만 그런 줄로만 안다. 공자가 언제 근본(根本)을 따지었는가? 나는 논어를 다 보지 않아 모르겠다. 근본주의자는 저런 일로 죽을 수도 있다. 임방(林放)을 말한 것으로 보아 아마 기록되지 않은 공자의 모습이 또 있을 것이라 생각한다. 기록에 없다면 아마 안회가 지웠을 것이다. 안회는 현명하다. 그런 걸 기록으로 남겼다면 아마 공자는 지금까지 살아남지 못하였을 것이다. 내가 보기에 염유보다 양호가 더 낫다. 그래도 임방보다야 공자가 더 낫다. 훨씬 낫다. 부끄럽군.

八佾 7장
子曰 君子無所爭 必也射乎 揖讓而升 下而飮 其爭也君子

君子無所爭 폼 잡는 공자이다. 폼은 중요한 것이다. 6장 염유에게 한 방 맞고 또 심기일전하시는 모습이겠다. '군자(君子)는 다투는 바가 없다.' 그냥 다투지 않는다가 아니라 다툴 필요가 없다는 의미이다. 필요성을 느끼지 못한다.

必也射乎 그럼에도 불구하고 반드시 다투어야 한다면. 죽여 버린다.

사(射)는 쏠 사(射). 화살은 이미 시위를 떠난 것이다. 내가 잘은 모르지만 공자님이 참지 못하신 무슨 다른 까닭이 분명 있을 것이다. 6장의 일이 있고 나서 공자가 염유를 보지 않았다. 죽는 날까지 염유를 사람 취급을 하지 않았다. 그런데 염유는 그냥 그저 잘 살은 듯싶다. 공자 혼자 저러는 것이다. 이것이 분명 삐친 것이다. 人不知而不慍 不亦君子乎.

揖讓而升 下而飲 읍(揖)은 읍할 읍(揖). "인사하는 예(禮)의 하나. 두 손을 맞잡아 얼굴 앞으로 들어 올리고 허리를 앞으로 공손(恭遜)히 구부렸다가 몸을 펴면서 손을 내림." 양(讓)은 사양할 양(讓). 승(升)은 되 승(升). "분량을 헤아리는 데 쓰는 그릇 또는 부피의 단위." 음(飲)은 마실 음(飲). 이것이 마치 서부영화에 나오는 총잡이들이 결투하는 모습과도 같다. 똑같다. 처음엔 참는다. 참는다는 것은 1차적인 자비(慈悲)이다. 다음은 사양한다. 피한다. 목숨은 소중한 것이다. 네가 이긴 것으로 하자. 그렇다고 하자. 그런데도 굳이 쫓아와서 덤비는 것이다. 길고 짧은 것은 대봐야 안다는 것이다. 군자가 괜히 군자인가? 안 대봐도 안다. 네가 죽을 것이다. 그런데 소인은 모른다. 물론 이름은 군자이나 사이비이다. 하이음(下而飲). 음(飲)은 음복(飲福). 제사까지 지내 주나? 다만 명복을 빈다.

其爭也君子 아무래도 공자가 폼이 좀 떨어진 듯싶다. 이것은 자랑거리가 아니다. 오히려 쪽팔린 것이다. 덜떨어진 인간들과 싸워서 이겼다고 소문이라도 난다면 그게 무슨 망신인가? 까닭에 필(必)은 신중히 써야 하는 것이다. 함부로 쓰면 오래 못 산다.

八佾 8장

子夏問曰 巧笑倩兮 美目盼兮 素以爲絢兮 何謂也 子曰 繪事後素
曰 禮後乎 子曰 起予者 商也 始可與言詩已矣

子夏問曰 문(問) 뒤에 주제가 없으면 그냥 답(答)을 물은 듯싶다. '자하(子夏)가 물었다.'

巧笑倩兮 美目盼兮 素以爲絢兮 시경의 말씀이란다. 그럼 찾아봐야 한다. 부끄럽지만 나는 그냥 김용옥선생의 책에서 옮긴다. 선생의 책을 보는 것으로 찾아봤다 말하기는 신중히 해야 한다. "이 노래는 위나라 장공(莊公)이 제(齊)나라 태자 득신(得臣)의 여동생인 장강(莊姜)을 아내로 맞이했는데, 그 제나라의 여자가 너무도 아름다워, 그녀가 시집올 때 위나라 사람들이 그녀의 아름다움을 찬미한 노래라 한다."

碩人其頎(석인기기) 늘씬한 여인이여 훤칠도 해라!
衣錦褧衣(의금경의) 무늬있는 비단 옷에 홑옷을 걸쳤네
齊侯之子(제후지자) 제후의 딸이요
衛侯之妻(위후지처) 위후의 아내요
東宮之妹(동궁지매) 동궁의 여동생이요
邢侯之姨(형후지이) 형후의 처제요
譚公維私(담공유사) 담공이 매부로다

手如柔荑(수여유제) 손은 부드러운 띠풀같고
膚如凝脂(부여응지) 살결은 라아드처럼 보드라워라

領如蝤蠐(영여추제)　목은 굼벵이처럼 기다랗고

齒如瓠犀(치여호서)　이빨은 박씨처럼 가지런히 빛난다

螓首蛾眉(진수아미)　매미같은 이마에 부나비의 촉수같은 눈썹

巧笑倩兮(교소천혜)　어여쁜 웃음 보조개 짓고

美目盼兮(미목반혜)　아름다운 눈동자 흑백이 분명토다

내가 아마 그래도 저번에 볼 때 한자는 다 찾아 봤을 것이다. 그런데 지금은 못 본다. 선생의 번역만 본다. "늘씬한 여인이여 훤칠도 해라!" 키가 크고 몸매가 좋다. 巧笑倩兮(교소천혜). 교묘(巧妙)하게 미소 짓는다. 천(倩) 남자의 미칭 천(倩). 예쁘다. 느낌적 느낌은 걸크러시? 미목(美目) 아름다운 눈동자. 반(盼) 이것이 목(目)과 분(分)이니 이것은 곁눈질하는 것이다. "얼굴은 돌리지 않고 눈알만 옆으로 굴려서 보는 눈." 그림이 그려지는가? 아니라면 다시 보면 된다. 공주인데 키가 크고 비단옷을 입었고 또 속이 비치는 얇은 겉옷을 걸쳤다. 공주이니 손도 곱고 살결도 보드랍고 키가 크니 목도 길고 이빨도 가지런하고 이마가 매미같이 반질거리고 눈썹은 길게 잘빠졌다. 이쁘네? 근데 뭐가 문제이지? 素以爲絢兮. 현(絢)은 무늬 현(絢). 소(素)는 흴 소(素). 위현(爲絢). '무늬를 이루고자 함으로써 희게 되었도다.' 너무나 예뻐서 온통 하얗게 되었다.

素以爲絢兮 何謂也 위(謂)는 보증하는 것이다. 야(也)로 마쳤으니 야(也)로 번역한다. '어찌 이런 일컬음이다.' 어찌 어떤 일컬음? '너무나 아름다워서 세상이 온통 하얗게 되었다.' 素以爲絢兮. 이것은 자하의 감상이다. 시에 붙은 것이 아니다. '이 시의 여인이 너무나 예뻐서 온통 세상이 하얗게 보여요.'

子曰 繪事後素 회(繪)는 그림 회(繪). '눈에 콩깍지가 씌어서 눈에 뵈는 게 없어서 그렇다.' 나는 처음에 회(繪)가 그림 그리는 것이 아니라 수(繡)를 놓는 것이라고 봤다. 바탕천이 무엇이든 수를 놓은 다음의 바탕천은 같다. 소(素). 얼룩진 천도 수를 놓은 다음에는 그냥 하얀 천과 같다. '제 눈에 안경이다.' 사(事)는 섬기다. 그림 그리는 것에 푹 빠진 후의 소(素)이다. 무엇에 한번 미치면 세상이 다 그렇게 보이는 것이다.

曰 禮後乎 예사후소호(禮事後素乎) '예(禮)에 푹 빠지면 또한 세상이 하얗게 보이는군요?'

子曰 起予者 商也 기(起)는 일어날 기(起). 여(予)는 나 여(予). '나를 일어나게 하는 자.' 응원해 주는 자. "운동 경기 따위에서, 선수들이 힘을 낼 수 있도록 도와주는 일" 팔일편에 들어와서는 공자가 기분이 좀 다운되어 있다. 주위에 온통 다 소인배들인 것이다. 오랑캐이다. 특히나 염유. 그러던 중에 상야(商也) 상(商)은 자하의 명(名)이다 자하가 뭘 좀 아는 소리를 하는 것이다. '힘내라!' 이 미련한 인간들에 말하여 내가 무엇 하겠는가? 아니면 내가 뭘 잘못 했단 말인가? 그러던 중에 자하에게 기운을 좀 얻었다는 그런 말씀이겠다.

始可與言詩已矣 학이15장 자공(子貢)에서 보았다. '始可與言詩已矣.' 글자가 똑같다. 시(始)는 시작(始作). '시(詩)의 말씀과 더불어 할 수 있게 되었다.' 이것이 무슨 말인가 하면 시인의 마음을 읽을 수 있게 되었다는 것이다. 마음을 읽는 것이다. 자하의 성(省)과 관(觀)을 미루어 알 수 있다.

八佾 9장

子曰 夏禮 吾能言之 杞不足徵也 殷禮 吾能言之 宋不足徵也 文獻不
足故也 足則吾能徵之矣

子曰 夏禮 吾能言之 杞不足徵也 '하(夏)나라의 예(禮)는 내가 능(能)
히 언(言)으로써 설명할 수 있지만 기(杞)나라의 예(禮)는 그 미(微)조차
내가 밟지 않는다.' 기(杞)나라는 하(夏)나라가 멸망하고 그 조상들에게
제사지내라고 은(殷)나라가 허락한 그 후손들의 작은 나라이다.

殷禮 吾能言之 宋不足徵也 '은(殷)나라의 예(禮)는 내가 능(能)히 언
(言)으로써 설명할 수 있지만 송(宋)나라의 예(禮)는 내가 그 미(微)조차
밟지 않는다.' 송(宋)나라는 은(殷)나라가 멸망하고 그 조상들에게 제사
지내라고 주(周)나라에서 허락한 그 후손들의 나라이다.

文獻不足故也 '문헌(文獻)은 멸망한 나라의 예(禮)를 밟지 않는다.' 문
헌이 멸망한 나라의 예를 밟지 않는 까닭에 나도 밟지 않는다.

足則吾能徵之矣 '밟은 즉(則) 나도 능(能)히 그 예(禮)를 행(行)할 수
있을 것이다.'

슬픈 말씀이고 감동적인 말씀이다. 공자가 족(足)한다는 것은 주(周)
나라가 멸망한다는 것을 가정하는 것이다. 멸망한 주나라에 남겨진 작
은 나라에서 공자 또한 그 예(禮)를 다하겠다는 말씀이다. 멸망한 나라
의 남겨진 유민의 예(禮)가 무엇인지 알고 싶은가? 나도 말하지 않는다.

그렇지만 나도 능(能)히 행(行)하리라. 그래서 지금 내가 이 글을 쓰지 않는가? 나는 멸망한 나라의 유민이다. 슬픈 얘기이다.

八佾 10장
子曰 禘自旣灌而往者 吾不欲觀之矣

吾不欲觀之矣 이것은 쓸데없는 말씀이다. 나는 이것을 관(觀)하고 싶지 않다. 不足徵也. 밝지 않는다고 말하고서 그새 밟고 있다. 이것은 멸망한 나라의 유민의 예(禮)이다.

禘自旣灌而往者 체(禘)는 제사 체(禘). 자(自)는 ~부터. 기(旣)는 이미 기(旣). 관(灌)은 물 댈 관(灌). 체(禘)의 제사는 제(帝)의 제사이다. 본시 천자의 제사이나 제후에게도 허락된 제사이다. 제후가 신(信)으로 사(事)하면 그 또한 하늘의 아들인 것이다. 그런데 문제는 그것이 사이비 신(信)이라는 것이다. 그런데 또 문제는 그것이 본시 사이비라는 것이다. 애초에 사이비라는 것이다. 다만 그 신(信)이 의(義)에 근(近)하기를 바라는 것이다. 그러면 학이13장에서 또 뭐라고 하였는가? 亦可宗也. '또한 종(宗)이 가(可)하다.' 이것은 반역이고 반란이다. 종(宗)이 어찌 둘이 있단 말인가? 하늘은 천자를 세우고 또 반역의 세력을 키우는 것이다. 제후의 신(信)이 의(義)에 근(近)하다면 제후는 천자를 죽일 수도 있다. 이 미친 하느님이 애초에 그렇다고 하였다. 하늘이 천자를 세우고 또 그 하늘이 천자를 다시 죽인다. 그럼 내가 어찌 하늘을 신(信)하겠는가? 그러면 어찌 하늘을 믿는단 말인가? 오늘은 나를 들어주고 내일은 또 나를 버릴 것인즉 어찌 당신을 믿겠는가? 대답도 내가 할까? 믿지

마! 누가 믿으라니? 할 수만 있다면 네가 해 보라. 아무튼 말씀에는 이런 의미가 있다. 그 미(微)를 족(足)하자니 그렇다는 것이다. 그래서 不欲觀之 하는 것이다. 당신은 당신의 일을 하고 나는 나의 일을 한다. 당신의 일에 대하여 내가 관(觀)하지 않을 것이다. 하늘의 일에 대하여 내가 깊이 따지지 않을 것이다. 하늘은 진짜 지 아들도 죽인다. 그가 독생자였다. 다 죽이고 마지막 남은 아들이었다. 내가 진짜 그럴 줄은 몰랐다. 그래서 나는 패하였다.

八佾 11장
或問禘之說 子曰 不知也 知其說者之於天下也 其如示諸斯乎 指其掌

或問禘之說 혹(或)은 계씨(季氏)이다. 계씨가 체(禘)의 설(說)을 문(問)하였다. 체(禘)제사에 대하여 설명해 줄 것을 청하였다.

子曰 不知也 '알 수 없다.' 이것이 불가지야(不可知也)가 아니다. 의미인 즉 너는 알 수 없다. 설(說)하는 법을 내가 알지 못한다.

知其說者之於天下也 '그 설(說)하는 법을 알고 있는 자가 하늘 아래 있다.'

其如示諸斯乎 指其掌 시(示)는 보일 시(示). 피동사이다. 알려 달라고 하니까 알려 주는 것이다. 제사(諸斯)는 모든 이것. 그러면서 그 손바닥을 가리키었다. 제사(諸斯)는 손금이다. 점쟁이한데 가서 물어보라는 것이다. 나는 안 알려 줌. 너한테는 점쟁이가 나보다 더 낫다.

八佾 12장

祭如在 祭神如神在 子曰 吾不與祭 如不祭

祭如在 재(在)는 사이언스이다. 뜬금없는 말이지만 재(在)의 있음은
사이언스의 있음이다. '우주(宇宙)는 스토리이고, 천지(天地)는 사이언
스이고, 세계(世界)는 라이프이다.' '우주(宇宙)는 존(存)하고 천지(天地)
는 재(在)하며 세계(世界)는 유(有)하다.' '존(存)은 스토리이고, 재(在)는
사이언스이고, 유(有)는 라이프이다.' 하늘은 스토리이고 땅은 사이언스
이고 인간은 라이프이다. 이것은 의문(疑問)을 분별(分別)하는 식(識)이
다. 우주를 사이언스로 문(問)하는 것은 어리석은 것이다. 그렇다면 그
것은 다만 천지이다. 세계를 사이언스로 문(問)하는 것은 미련한 것이
다. 그렇다면 그것은 다만 천지이다. 천지(天地)는 곧 사이언스의 있음
이다. 그럼 사이언스란 무엇인가? 不知也. 선생들한테 물어보라. 선생들
은 점쟁이와 동급이다. 그런데 점이 하나도 맞는 것이 없다. 물론 어쩌
다 있기는 있다. 그래도 먹고 사는 게 용하다. 그런데 이렇게 따지면 세
계를 사이언스로 따지는 것이라는 얘기이다. 미련한 짓이다. 나는 지금
그 미련한 짓을 하고 있다. 어리석고 미련한 것이 본시 인간의 속성이
다. 따질 것이 없다. 다만 성(省)할 뿐이겠다. '제(祭)는 사이언스이다.' 제
는 스토리가 아니다. 제는 라이프도 아니다. 제는 사이언스이다. 하여튼
모르겠으면 선생들에게 따지고 물으라. 내게 따지고 물어도 내겐 할 말
이 없다. 선생들이 낫다. 진심이다.

祭神如神在 신(神)은 죽었다. 나는 그것에 동의(同意)했다. 그러나 나
는 이해하지 못했다. 다만 나는 그를 신(信)한 까닭이다. 당신이 나보다

위대하니 당신이 옳다. 무조건 옳다. 아마도 그렇지 않겠는가? 그러나 이 위대한 신은 나의 믿음을 배신했다. 죽기로 진짜로 죽는 것이다. 이 게 지금 뭐하는 짓인가? 위대한 신들의 사회는 혼란에 빠졌다. 그것이 3 일 이었다. 나는 다 죽여 버렸다. 반란은 용납하지 않는다. 그리고 이 미 친 신은 부활하였다. 그리고 이 미친 신이 부활하여 나보고 죽으란다. 내가 다 죽였으니 내가 죽어야 한다고. 지금 장난하는가? 장난이 아니 었다. 또 한 번의 큰 전쟁이 있었고 나는 패하였다. 이 미친 신은 내가 살려주었더니 오히려 나보고 죽으라고 한다. 내가 그렇게는 못한다. 결 국에 나는 죽음을 당하였다. 쪽팔리는 얘기이다. 그런 까닭으로 지금 내가 인간의 땅에 있는 것이다. 이 구질구질한 인간의 세상에서 산다는 것. 아무튼 나는 노력하는 것이다.

子曰 吾不與祭 如不祭 "내 자신이 제사에 참여치 않으면 제사지내지 아니함과 같으니라." "내가 직접 참여하여 제사를 지내지 않았다면 그것 은 제사를 지내지 않은 것과도 같은 것이다." 내가 그래도 한글은 잘 읽 는데 이게 무슨 말인지 잘 모르겠다. '제사 같지 않은 제사에는 나는 더 불어 하지 않는다.' 이렇게 보아야 한다.

기본적으로 알아야 하는 것을 설명하는 것은 사실 좀 어렵다. 그런 까닭으로 군자(君子)가 기본에 힘쓰는 것이겠다. 이런 건 그냥 기본적으 로 알아야 하는 것인데? 어찌 모르는가? 군자 되기가 쉬운 게 아니다. 물론 나는 나의 부족함을 통감한다. 설명을 더 해야 하는 듯싶은데 그 냥 넘어가는 것이 많다. 노파심이다. 나는 그냥 그렇다고 넘어갔다. 위 대한 신은 존(存)하고 재(在)한다. 위대한 신이 재(在)하는 까닭으로 내가 그냥 넘어가는 것이다. 신(神)은 사이언스이다. 그는 스스로 재(在)한다. 물론 위대한 신(神)의 존(存)은 좀 다르지만 그가 사이언스를 어기지는 않을 것이다. 아마도 그럴 것이다. "구하라 그리하면 너희에게 주실 것이요 찾으라 그리하면 찾아낼 것이요 문을 두드리라 그리하면 너희에게 열릴 것이니" 예수도 사이언스이다. 사이언스는 신(信)이 아니라 의(義)로 따지는 것이다. 그것이 기본이다.

祭如在 祭神如神在와 子曰 吾不與祭 如不祭는 좀 결이 다른 말씀이다. 신(神)이 다 같은 신(神)이 아니라는 말씀이다. 아(我)의 신(神)과 오(吾)의 신(神). 아무튼 계속 노력해야 한다.

八佾 13장
王孫賈問曰 與其媚於奧 寧媚於竈 何謂也 子曰 不然 獲罪於天 無所禱也

王孫賈問曰 왕손가(王孫賈)가 누구인지 헌문20장에 나온다 한다. 존경하는 김용옥선생의 책에서 옮긴다. "어둡고 어리석은 군주 위령공의 패정에도 불구하고 위나라가 망하지 않는 것은 중숙어(仲叔圉)가 빈객(賓客)을 잘 다스리고(외교), 축타(祝鮀)가 종묘(宗廟)를 잘 다스리고(종교, 문화), 왕손가(王孫賈)가 군려(軍旅)를 잘 다스리어(군사), 적재적소에서 재능을 발휘하고 있기 때문이라고 공자는 위나라의 정세를 해설하고 있는 것이다." 선생에게 감사한다. 물론 말 뿐이지만. 김용옥선생에겐 배울 것이 많다. 책 좀 많이 사 보시라.

與其媚於奧 寧媚於竈 何謂也 '與其 A 寧 B A라기 보다는 차라리 B.' 4장에서 보았다. "〈방안 신주(神主)에게 아첨하느니, 부뚜막 귀신에게 아첨하라〉라는 말은 무슨 뜻입니까?" "아랫목 신에게 잘 보이기보다는 차라리 부뚜막 신에게 잘 보이라 하니, 이것은 무슨 말입니까?" 미(媚)는 아첨할 미(媚). 아첨(阿諂)의 첨(諂)과 글자가 다르네? 그럼 찾아봐야 한다. 미(媚)는 미소(媚笑). "아양을 부리며 아첨하듯이 웃음. 또는 그 웃음." 의미가 좀 다르다. 첨(諂)은 나를 위한 아첨이고 미(媚)는 상대를 위한 아첨이다. 따지자면 이것은 일종의 예(禮)에 가깝다. 물론 사이비이지만. 윗사람인 까닭에 내가 내키지는 않지만 상대의 기분을 맞춰주는 것이다. '어리석은 군주에게 아양을 떠느니, 차라리 미련한 인민들에게 아양을 떠는 것을 어찌 생각하시는가?' 위(謂)의 보증이 있으니 왕손가는 진심으로 말하는 것이다. 이것은 쿠데타이다. 야(也)로 마쳤으니 공손가는 이미 생각을 마친 것이다. 오(奧)는 깊을 오(奧). 조(竈)는 부엌 조(竈).

子曰 不然 獲罪於天 無所禱也 연(然)은 자연(自然)의 연(然). 연(然)은 사이언스이다. 연(然)이 곧 재(在)이다. 연(然)은 법칙(法則)이다. '불연(不然) 하늘의 법칙이 아니다.' 획(獲)은 얻을 획(獲). 도(禱)는 빌 도(禱). '하늘에 죄를 얻으면 빌 곳이 없다.' 왕손가는 마음을 고치었다. 반란이 있었다는 얘기는 기록되지 않았다.

八佾 14장
子曰 周監於二代 郁郁乎文哉 吾從周

周監於二代 주(周)는 주공(周公)이다. 감(監)은 볼 감(監). 감독(監督). 이대(二代)는 주(周) 무왕(武王)과 그의 어린 아들 성왕(成王)이다.

郁郁乎文哉 욱(郁)은 성할 욱(郁). 울창하다. '울창하고 또 울창하구나.' 호(乎)가 발산의 의미가 있다면 재(哉)는 수렴의 의미가 있다. 문재(文哉)를 어찌 번역해야 하는지 잘 모르겠다. 문(文)은 문화(文化). 문(文)이 곧 화(化)인 것이다. 화(化)를 통하여 문(文)이 있는 것이다. 당신들이 글자를 모르는 것은 화(化)를 통하지 않았기 때문이다. 문(文)은 물리(物理)가 아니라 화학(化學)이다. 학(學)을 물리로 하니까 맹 그 모양인 것이다. 화(化)는 죽어서 다시 사는 것이다. 오래 살아서 화(化)가 되는 것이 아니다. 물론 아닌 것도 아니지만. 공자는 오래 살아서 화(化)하였다. 나도 오래 살기로 했다.

吾從周 종(從)은 좇을 종(從). 이게 무슨 말인가 하면 나도 왕(王)을 하지 않겠다는 말이다. 분명하다. 13장 왕손가(王孫賈)에 바로 이어서 나온 말씀이다. 내가 꾸며낸 말이 아니다. '나는 주공(周公)을 좇을 것이다.' 반문을 하겠는가? 공자가 무슨 힘으로 왕(王)을 하겠는가? 욱욱호(郁郁乎). 이 울창함은 이미 시들어 감을 말하는 것이다. 둥근 달은 이미 기운 것이다. 공자가 하기로 하였다면 그는 아마 황제(皇帝)가 되었을 것이다. 진(秦)의 시황제(始皇帝)에 앞서. 그러나 불연(不然). 그 꼴은 내가 못 본다. 죽여 버렸을 것이다. 대신 안회(顔回)가 죽지 않았을 것이다. 그렇다면 그런 줄 알면 된다. 이 미친 신은 그러고도 남는다.

八佾 15장

子入大廟 每事問 或曰 孰謂鄹人之子知禮乎 入大廟 每事問 子聞之
曰 是禮也

子入大廟 대묘(大廟)라고 쓰고 태묘(太廟)라 읽는단다. 왜 그런가 하
면 공(公)이라고 쓰고 왕(王)이라고 읽는 법과 같다. 그렇지만 노(魯)나
라는 제후의 나라이다. 대묘(大廟)가 맞지 않겠는가? 내정(內政)에서는
태묘(太廟)라 하여 불가(不可)함이 아니겠다. 따지자면 내정(內政)에서
는 대부(大夫)도 왕(王)이다. 주나라의 봉건제가 본시 그렇다. 그러나
쓰기는 반드시 대묘(大廟)라고 써야 한다. '공자께서 태묘(大廟)에 입
(入)하시었다.' 공자가 대사구(大司寇)의 벼슬을 하고 있을 때이다. 재상
(宰相)을 섭(攝)하였다. 그러니까 노나라의 최고 결정권자이던 시절이
다. 공자가 권력의 맛을 보더니 간덩이가 분 것이다. 얼마 못했다. 그 얘
기가 이 말씀에 나온다.

每事問 매사(每事)는 매사(每事). "하나하나의 모든 일." '지금 잔을
올려야 합니까?' '지금 절을 해야 합니까?' '절은 네 번을 하는 것입니까?'
'아 음복을 해야 합니까?' 이런 것들을 하나하나 다 물었다는 것이다. 누
구에게?

或曰 혹(或)은 계씨(季氏)이다. 계평자의 아들 계환자이다. 계강자의
아버지이다. 이 자가 바로 왕(王)을 섭(攝)하고 있는 자고 이 자가 지금
왕(王)을 대신하여 태묘에 제사를 지내는 것이다. 공자는 대사구의 벼
슬로 제사를 돕는 집사이다. 그러니까 계씨에게 하나하나 다 물었다는

것이다. 물론 계씨에게 직접 물은 것은 아니고. 계씨에게 들리게.

孰謂鄹人之子知禮乎 "누가 저 추인(鄹人)의 아들을 예(禮)를 안다고 하였는가?" "누가 저 추인(鄹人)의 자식을 일러 예를 안다고 하는가?" 계씨가 화가 많이 났다. 내가 봐도 이것은 공자가 무례한 것이다. 계씨가 바보가 아니다. 공자가 하는 말의 뜻을 계씨도 인정한다. 그래서 공자를 왕(王)을 섭(攝)하고 있는 재상(宰相)의 지위를 공자에게 섭(攝)하게 하였던 것이 아니겠는가? 아무리 못마땅하기로 이것은 너무한 것이 아니겠는가? 따지자면 이게 다 내 조상이라니까? 어찌 남의 엄숙한 제사에서 초를 치는가? 그것도 왕(王)의 제사에서? 네가 죽고 싶어서 환장을 했구나? 계씨의 입장에서는 너무나 당연하다. 추인(鄹人)은 공자의 아버지가 추읍(鄹邑)의 대부(大夫)였던 까닭이라고 한다. 주공이 세운 종법에 의하면 대부는 본시 세습되지 않는 것인데, 이미 오래 전부터 힘없는 작은 대부에게만 적용되는 별 의미 없는 법이 된 것이다. 공자는 또 정실(正室)의 자식도 아니었다. 그럼에도 불구하고 계씨가 공자를 어여삐 여겨서 그 높은 벼슬을 준 것이다. 이것이 무슨 배은망덕(背恩忘德)이란 말인가? 이것은 배신이다. 아니 이것은 반역이다.

入大廟 每事問 성(省)의 방법은 2500년 전이나 지금이나 똑같다. 하나도 다르지 않다. 지난 일을 그대로 되새기는 것이다. 이미 보았지 않은가? 위정5장의 번지(樊遲)의 얘기에서 보았다. 사람들이 서로 수군대는 것이다. '권력의 맛이 무섭기는 무섭군.' '내가 공자를 그렇게 안 봤는데 어찌 인간이 그럴 수가 있단 말인가?' '아무리 그렇기로 어찌 그럴 수가 있단 말인가?' 이것은 공무원들 사이에 도는 소문이다. 이미 소문이

퍼졌다. 양호의 난으로 실추된 계씨의 명성이 회복되는 것이다.

子聞之 曰 是禮也 공자는 쫓겨난 것이다. 말이 좋아 유랑(流浪)이지 공자는 도망자의 신세인 것이다. "그것이 바로 예(禮)니라." "묻는 것이 곧 예니라." 시(是)는 이 시(是). 말은 바로 해야지 시(是)는 '그것'이 아니라 '이것'이다. '이것이 예(禮)이다.' 성(省)은 배타적인 아(我)이다. 성(省)은 오(吾)로 하는 것이 아니다. 남을 의식하는 성(省)은 성(省)이 아니다. 오직 하느님이 아시는 것이다. 오직 하느님의 신(神)을 대하는 것이 배타적인 아(我)이다.

더 할 말이 있을 듯싶은데 그냥 넘어 간다. 나도 나름 주제 파악을 잘 하려고 노력하고 있다. 주제에서 벗어나는 얘기는 안 하니만 못하다.

八佾 16장
子曰 射不主皮 爲力不同科 古之道也

子曰 射不主皮 사(射)는 화살이 이미 시위를 떠난 것이다. 피(皮)는 가죽 피(皮). '화살은 가죽이 주(主)가 아니다.' 가죽이 주(主)라면 그저 따끔할 뿐이다. 내가 이어보기를 말하지 않은 것이 한참이지만 15장과 이어서 봐야 한다. 내가 왜 이어보기를 말하지 않느냐면 내가 모르는 까닭이다. 내가 안다는 것과 내가 아는 척 할 수 있다는 것과는 상당히 다르다. 내가 아는 척 할 수 없는 것은 그냥 내가 모르는 것이다. 내가 아는 척 할 수 없는 것을 내가 안다고 고집하면 어찌 되겠는가? 미친놈이 된다. 따지자면 인간의 역사가 그런 미친놈들에 의해서 문(文)이 화

(化)된 것이다. 미친놈 소리를 듣지 않기 위해 그저 무던히 노력한 것이다. 내가 아는 것을 남들도 알 수 있게 내가 아는 척 할 수 있기를 무던히 애쓴 것이다. 남들이 나를 알아주기를? 아니다. 남들이 그 자신을 알기를. 남들이 나를 알아주는 것이라면 나는 쪽팔려 죽어야 한다. 적어도 나는 그렇다. 남들이 나를 안다면 나는 그날 죽을 것이다. 내가 얘기 안 한다 하지만 나는 다 한다. 물론 쪽팔림은 내 몫이다. '화살은 가죽이 목적이 아니다.' 그럼 무엇이 목적인가? 내가 공연히 매를 번다.

爲力不同科 '역(力)을 이루고자 함이 과(科)가 동(同)하지 않다.' 과(科)는 과목(科目). 문과(文科) 이과(理科) 무과(武科) 그런 과(科)이다. 대과(大科) 소과(小科) 그런 과(科)이다. 목표가 다르다는 것이다. 군자(君子)와 소인(小人)은 그 목표가 다르다. 가령 유치원 아이가 덧셈을 하였다면 참으로 기쁘고 칭찬하여야 한다. 그럼 중학생 아이가 덧셈을 할 줄 안다고 하면 뭐라고 해야 하나? 미친놈이라고 한다. 중학생은 고차방정식에 대해서 안다고 해야 칭찬을 받는다. 왜 그런가?

古之道也 그냥 그렇다는 것이다. 그것이 그냥 기본이라는 것이다. 그럼 근본(根本)을 따져볼까? 근본을 따지자면 과격해 진다. 이것은 어쩔 수가 없다. 그래서 근본을 따지지 않는 것이다. 태어나면서 이미 똑똑한 사람이 있다는 것을 인정해야 한다는 것이다. 이해하기 어렵지만 나는 그것을 인정했다. 왜냐하면 내가 노력해도 따라갈 수 없으니까. 음악 하는 사람? 내가 죽었다 깨나도 나는 못 따라 간다. 미술 하는 사람? 운동 하는 사람? 내게는 그냥 다 남의 일이다. 내가 바둑이 거의 30년째 9급 인데 프로기사는 그냥 신이다. 미안하다. 내가 예를 잘못 들었다. 그냥

아마추어 고단자도 그야말로 신이다. 고단자도 아니고 2급 1급만 되도 나는 도무지 그 수를 모르겠다. 솔직히 나는 8급도 잘 모른다. 당구를 칠까? 당구도 역시 나는 30년째 100이다. 나는 봐도 모르고 해봐도 모른다. 나는 그것을 인정했다. 부끄럽지만 내가 지금 50이 넘었다. 나는 지금까지 나보다 못한 사람을 단 한사람도 만나지 못했다. 물론 미친놈을 제외하고. 앞으로도 달라질 것이 없을 듯싶다. 부끄러운 얘기이다. 나는 근본을 따지지 않는다. 그냥 그러려니 한다. 고지도야(古之道也). 이것은 어려운 말씀이다. 근본(根本)에 닿아 있다. 왜 양반과 상놈의 반상(班常)이 유별(有別)하였는지 따지기 어렵다. 지금은 상놈의 시대이니다 상놈이다. 따질 것이 없다. 이렇게 얘기하면 미친놈 소리 듣는다. 나도 안다. 공연한 매를 버는 것은 이것으로 끝이다. 나는 기본이 때리는 자이지 맞는 자가 아니다. 고지도야(古之道也). 내가 처음 이것을 볼 때 이게 무슨 개소리인가 싶었다. 이것은 내가 아는 위대한 신들만이 아는 것이다. 그런데 공자가 그대가 이것을 어찌 아는가? 하여튼 이 미친 신은 나를 여러 번 속였다. 세 번 속으면 속은 놈이 바보다. 그래도 내가 이 미친 신보다 착하다. 그래서 내가 이 미친 신을 경배할 수가 없다. 그만하면 되겠다.

八佾 17장
子貢 欲去告朔之餼羊 子曰 賜也 爾愛其羊 我愛其禮

이것도 어려운 말씀이다. 내가 안다는 것과 내가 아는 척 할 수 있다는 것과의 괴리감을 다시금 느끼게 하는 말씀이다.

"子貢(자공)이 告朔(곡삭) 제사에 바치는 生羊(생양)을 폐하려 하자, 孔子(공자)께서 말씀하셨다. 賜(사)야, 너는 그 羊(양)을 아끼려 하느냐? 나는 禮(예)를 아끼고 싶구나."

"자공이 초하루를 알리는 제식에 바치는 희생양 제도를 없애려 하였다. 공자께서 말씀하시었다. 사야! 너는 그 양을 아끼는구나, 나는 그 예를 아끼노라."

선생님들은 이 말씀을 아시는가? 나는 선생님들의 번역보다 더 나은 번역을 할 수 없다. 이것은 15장 16장과 이어지는 말씀이다. 같은 맥락으로 해석해야 한다. 내가 보기에 공자는 그냥 미친놈이다. 미안하다. 나의 말의 가벼움이여. 내가 보기에 공자는 좀 모자라신 분으로 보인다. 더 할 말이 없다. 하고 싶지가 않다. 가령 예를 들자. 나는 전태일이라는 인물에 대해서 잘 모른다. 그런데 그가 몸에 석유를 뿌리고 분신하였다는 것은 안다. 자공은 그 죽음을 애통한다. 공자는 그 죽음을 찬양한다. 그러면 이것이 미친놈이 아닌가? 온 몸에 석유를 뿌리고 활활 타 죽었는데 그것이 찬양할 일인가? 그러면 또 죽으라는 말인가? 그대는 그렇게 죽을 수 있겠는가? 나는 못 한다. 그래서 나는 아는 척 하기가 어려운 것이다. 나는 그저 자공과 같이 애통해 한다. 하여튼 이 미친 세상은 미친놈들이 화(化)하는 것이다. 나는 더 할 말이 없다.

八佾 18장
子曰 事君盡禮 人以爲諂也

내가 길을 잘못 들었나 싶다. 물론 나의 문제는 아니다. 나는 내가 가면 그것이 길이다. 부끄럽지만 이것은 당신들을 위한 길이다. 나는 다만 노력하는 것이다.

"孔子(공자)께서 말씀하셨다. 禮(예)를 극진히 하여 임금 섬기는 것을 사람들은 아첨한다 하는도다."
"공자께서 말씀하시었다. 임금을 섬김에 예를 다하는 것을 사람들이 아첨한다 하는구나!"

진(盡)은 다할 진(盡). 진력(盡力). 이것이 전력(全力)이 아니다. 의미가 다르다. 전력은 있는 힘을 다하는 것이고 진력은 죽는 힘을 다하는 것이다. 전력(全力)은 살자고 싸우는 것이고 진력(盡力)은 죽자고 싸우는 것이다. 생즉사(生則死) 사즉생(死則生). 진짜로 죽자고 싸우는 것이다. 죽자고 싸워서 살자고 하는 것이 아니다. 말이 좀 어렵다. 15장에서 공자가 진(盡)을 써 거의 죽을 뻔 했다. 아무튼 이 진(盡)은 죽는 것과 같다. '임금을 섬김에 예(禮)를 죽였다.' 그런데 이 진(盡)은 솔직히 명은 붙어있는 것이다. '임금을 섬김에 예를 거의 죽이기까지 섬기는데 사람들은 아첨하기 위함이라 한다.' 예(禮)로 따지자면 지금 이 임금은 그저 하찮은 한 인간에 불과하다. 하찮은 한 인간을 임금으로 섬김에 필요한 것이 무엇이겠는가? 참을 인(忍)이다. 그것이 인(仁)이다. 이 상놈의 세상에서 더 바랄 것이 무엇이 있겠는가. 인(忍)이 곧 인(仁)이다. 참고 또 참고 또 참으라. 그것이 인(仁)이다. 물론 당연히 사(思)하여야 한다. 사장이 그저 하찮은 인간이라 그저 돈만 많을 뿐일지라도 먹고 살자니 어찌 하겠는가? 먹고 살자니 참고 또 참고 또 참는 것이다. 그렇게 인(仁)과 친(親)해 지는 것이다. 본시 이 미친 세상이 그런 것이다. 그런데 이것은 첨(諂)이 아니라 미(媚)인 것이다. 남들이 말하기를 첨(諂)이라 하지만 이것은 미(媚)인 것이다. 그러나 이것도 결코 쉬운 일이 아니다. '남들이 말하기를 공자는 아첨의 달인이라고 한다.' '아첨이 감히 범인이 흉내 낼 수 없는 신기의 경지에 이르렀다.' 이 정도 소리는 들어야 좀 진(盡)의 아첨이라고 하겠다. 다만 이것은 첨(諂)이 아니라 미(媚)이다. 첨(諂)은 남들이 하는 얘기이다. 이것도 또한 참기가 참으로 어렵다. 그러나 남들 얘기는 들을 필요가 없다. 참기 어려우면 이미 실패한 것이다. 군자 되기가 결코 쉬운 게 아니다.

八佾 19장
定公問 君使臣 臣事君 如之何 孔子對曰 君使臣以禮 臣事君以忠

定公問 정공(定公)은 공자가 벼슬을 할 때의 노(魯)나라의 왕(王)이다. 이전 왕인 소공(昭公)이 삼환(三桓)에 대들다가 추방당했다. 소공이 타국에서 죽고 삼환이 새로 세운 바지 왕으로 소공의 동생이다. 18장에서 공자가 예(禮)를 진(盡)하여 사(事)한 왕도 이 왕이다. 공자가 거의 죽을 뻔했다.

君使臣 臣事君 如之何 '신하가 임금을 부리고 임금이 신하를 섬기니 이게 도대체 무슨 말이란 말인가?' 여지하(如之何)? '이런 법이 도대체 어디 있단 말인가?'

孔子對曰 미(媚)의 아첨은 배타적인 아(我)이다. '아양을 떨다.' 이것은 교언영색(巧言令色)이다. 귀염을 받으려고 하는 것은 다만 신뢰를 주기

위함이다. 정공이 공자를 믿었다. 그래서 공자가 거의 죽을 뻔했다. 무엇이 다른가? 정공이 삼환을 섬기는 것과 정공이 공자를 섬기는 것과 무엇이 다르겠는가? 공자는 정공을 부렸다. 공자는 정공을 사(使)한 것이다. 예(禮)로써 진(盡)을 다하여 사(使)한 것이다. 그야말로 손이 발이 되도록 빌어서 사(使)하는 것이다. 나는 이렇게 사(事)하여야 하는데 제발 좀 내게 이렇게 사(使)하시라. 임금을 섬김에 사(事)와 사(使)가 거의 같은 경지에 이르는 것이다. 말이 부족하여 어렵다. 부끄럽다. 중요한 것은 아니다.

君使臣以禮 臣事君以忠 '군(君)은 신(臣)을 예(禮)로써 사(使)하고, 신(臣)은 군(君)을 충(忠)으로써 사(事)한다.' 말이야 만들면 되는 것이다. 문(文)은 화(化)라 하지 않았는가? 물론 내가 한 말이다. '군(君)은 신(臣)을 충(忠)으로써 사(使)하고, 신(臣)은 군(君)을 예(禮)로써 사(事)한다.' 18장에서 보지 않았는가? 공자가 군(君)을 예(禮)로써 사(事)한 것이다. 다시 보라. 어찌 공자는 충(忠)으로써 사(事)하지 않고 예(禮)로써 사(事)하였는가? 그래서 진(盡)을 다하였다 하는 것이다. 당신들은 들어도 모른다. 진(盡)은 거의 죽음이다. 예(禮)는 오(吾)의 일이고 충(忠)은 아(我)의 일이다. 충(忠)은 오(吾)의 일이 아니다. 충(忠)의 대상은 오직 아(我)와 아(我)의 하느님이다.

八佾 20장
子曰 關雎 樂而不淫 哀而不傷

關雎 관저(關雎) 이게 또 시경(詩經)에 나오는 말씀이란다. 선생님들

이 가르쳐주지 않으면 나는 전혀 모른다. 감사하게 생각한다. '아양을 떨다.' 그렇지만 신뢰를 주기 위해서는 부단한 노력이 있어야 할 것이다. 그러나 내겐 중요하지 않다. 내가 진(盡)을 다하는 일은 아마도 없을 것이다. 찾아보자. 물론 선생의 책이다.

關關雎鳩(관관저구) 까옥 까옥 물수리
在河之洲(재하지주) 저 후앙허의 모래톱에서
窈窕淑女(요조숙녀) 하늘하늘 그윽한 저 새악씨
君子好逑(군자호구) 멋진 사내의 좋은 배필

參差荇菜(참치행채) 들쑥날쑥 물마름
左右流之(좌우류지) 요리저리 흘러가요
窈窕淑女(요조숙녀) 하늘하늘 그윽한 저 새악씨
寤寐求之(오매구지) 자나깨나 늘 그리워

求之不得(구지부득) 그리워도 만질 수 없고
寤寐思服(오매사복) 자나깨나 님생각 사로잡혀
悠哉悠哉(유재유재) 기나긴 이 밤이여
輾轉反側(전전반칙) 모로바로 엎치락 뒤치락

參差荇菜(참치행채) 들쑥날쑥 물마름
左右采之(좌우채지) 요리저리 뜯고요
窈窕淑女(요조숙녀) 하늘하늘 그윽한 저 새악씨
琴瑟友之(금슬우지) 금과 슬을 벗삼아

參差荇菜(참치행채) 들쑥날쑥 물마름

左右芼之(좌우막지) 요리저리 삶고요

窈窕淑女(요조숙녀) 하늘하늘 그윽한 저 새악씨

鍾鼓樂之(종고락지) 종과 북을 신나게 울리네

예전에 봤고 지금은 못 본다. 사(思)는 없고 상(想)이라는 얘기이다. 이런 걸 두 번 보면 내가 너무 쪽팔린다. 중요하지 않다는 것이다. 저(雎)는 물수리 저(雎), 구(鳩)는 비둘기 구(鳩). 물수리가 황하의 모래섬에 앉아 있다. 물론 나무도 있고 거기에 앉아 있다. 요조숙녀(窈窕淑女)는 군자(君子)의 좋아하는 짝이란다. 행채(荇菜)는 물풀이다. 좌우유지(左右流之) 물풀이 좌로 흐르고 우로 흐르고 그런단다. 말인 즉 꼬리를 살랑살랑 흔든다는 것이겠다. 누가? 물고기가. 寤寐求之(오매구지) 그런데 저 놈의 군자가 쳐다도 보지 않는단다. 求之不得(구지부득) 寤寐思服(오매사복) 悠哉悠哉(유재유재) 輾轉反側(전전반칙) 이게 지금 뭐 하는 짓인가? 명색이 요조숙녀인데 어찌 지금 이게 무슨 난감한 상황이란 말인가? 펄쩍펄쩍 뛰었단다. 멀어서 못 보는 것이라고. 멀기야 뭐가 뭘까. 거기서 거긴데. 그렇게 얼추 자존심을 추스르고. 左右采之(좌우채지) 채 갔답니다. 물수리가. 물고기를. 어찌 이런 일이. 나는 여기서 슬픔을 느낀다. 어찌 이런 일이. 어찌 이런 일이 내게는 일어나지 않는가? 뭐 그런 슬픔이다. 슬프다. 뒤로는 볼 것이 없다. 左右芼之(좌우막지) 삶기는 뭘 삶나? 아주 국을 끓여 먹었단다. 화가 난다.

樂而不淫 哀而不傷 락(樂)은 풍악을 울리는 락(樂)이다. 슬프지만 이런 일로 군자(君子)가 다치지는 않는다. 뭐 그런 얘기이다. 중요한 얘기

는 없다.

八佾 21장

哀公問社於宰我 宰我對曰 夏后氏以松 殷人以柏 周人以栗 曰 使民
戰栗 子聞之 曰 成事不說 遂事不諫 既往不咎

"哀公(애공)이 宰我(재아)에게 社壇(사단)에 심는 나무에 대하여 묻자,
宰我(재아)가 대답했다. 夏后氏(하후씨)는 소나무를 심었고, 殷人(은인)
은 잣나무를 심었고, 周人(주인)은 밤나무를 심었으니, 밤나무를 심은
것은 백성들로 하여금 떨게 하고자 함이옵니다. 孔子(공자)께서 이를 들
으시고 말씀하셨다. 이루어진 일을 말하여 무엇하며, 다 된 일을 諫(간)
하여 무엇하며, 지나간 일을 탓하여 무엇하랴!"

"哀公(애공)이 社(사)에 관하여 宰我(재아)에게 물었다. 재아가 대답하
여 말하였다. 하후씨는 소나무를 썼고, 은나라 사람들은 측백나무를
썼고, 주나라 사람들은 밤나무를 썼습니다. 밤나무를 쓴 것은 백성들로
하여금 戰慄(전율)케 하려 함이옵니다. 공자께서 이를 들으시고 말씀하
시었다. 내 이미 이루어진 일은 말하지 않으며, 끝난 일은 간하지 않으
며, 이미 지나가 버린 일은 탓하지 않겠다."

哀公問社於宰我 사(社)는 모일 사(社). 이것이 토지 신이라 훈 하는
것은 나중의 일일 것이다. 나는 토지의 신이 있다는 얘기를 들어보지
못했다. 있기는 있으나 그는 사이언스이다. 그는 제사의 대상이 아니다.
제사의 신은 오직 하늘에 있는 것이다. 땅에는 없다. 땅에 무슨 신이 있
겠는가? 땅에는 그냥 사이언스이다. '哀公(애공)이 재아(宰我)에게 물어

사(社)를 문(問)하였다.'

宰我對曰 夏后氏以松 殷人以柏 周人以栗 사(社)는 그냥 모이는 것
이다. 임금이 인민들을 돌아보고자 할 때 모이는 곳이 사(社)이다. 하
(夏)나라의 임금들은 소나무 아래에서 모였고, 은(殷)나라 임금들은 측
백나무 아래에서 모였고, 주(周)나라의 임금들은 밤나무 아래에서 모였
다. 자애롭고 어진 임금이 순행하여 인민들을 직접 만나는 것이다. 임금
을 만나고자 인민들이 그 모이는 곳이 사(社)이다.

曰 使民戰栗 이 왈(曰)은 哀公(애공)의 왈(曰)이다. 재아의 왈(曰)이
아니다. 사민(使民) 이것은 글자의 구성이 이미 전쟁이다. 이것이 왕(王)
의 왈(曰)인 까닭이다. 친절하게 전(戰)을 붙였다. 사(使)는 하여금 사
(使). '인민(人民)들을 밤나무 아래에 모이게 하라. 이것은 전쟁이다.'

子聞之 曰 成事不說 遂事不諫 既往不咎 문(聞)은 문(問)하여 듣는
것이 문(聞)이다. 哀公(애공)이 또 삼환(三桓)에게 덤비다가 쫓겨났다.
이 슬픈 왕도 곱게 죽지 못하였다. 나는 잘 모르고 선생들의 책을 찾아
보라. 큰아버지인 소공(昭公)이 그러다 그렇게 죽지 않았는가? 도무지
이 어리석은 임금들은 대세(大勢)를 모르는 것이다. 계씨(季氏)가 난
(亂)을 일으킨 적이 있는가? 아마도 없다. 다 왕(王)과 그 신(臣)들이 일
으킨 것이다. 계씨(季氏)는 자기가 왕(王)을 하자고 한 적이 한 번도 없
다. 아마도. 왕가(王家)의 적통을 잇고자 계씨는 무던히 애를 쓴 것이
다. 그만 하자. 공자님 말씀은 선생님들의 번역으로 대신한다. 애공을
두고 하시는 말씀이다. 별 중요한 말씀은 없는 듯싶다. 역시나 배타적인

아(我)이다. 위정19장 哀公問日 何爲則民服 孔子對日 擧直錯諸枉 則民服 擧枉錯諸直 則民不服. 이미 하신 말씀이 있으니 공자의 소회(所懷)이다.

八佾 22장

子曰 管仲之器小哉 或曰 管仲儉乎 曰 管氏有三歸 官事不攝 焉得儉 然則管仲知禮乎 曰 邦君樹塞門 管氏亦樹塞門 邦君爲兩君之好 有反坫 管氏亦有反坫 管氏而知禮 孰不知禮

한문이 길어지면 나는 모른다. 내가 처음 볼 때 이 근처에서 그만 봤다. 역시나 나는 그냥 주식해서 돈 벌어야겠다. 그리고 1년 후에 다시 봤다. 꾸준히 또 돈을 잃은 까닭이다. 지금도 여전히 꾸준하지만 별 신경 안 쓴다. 나는 지금 책 팔아서 돈 벌기로 했다. 하지만 무사히 마칠지는 모르겠다. 나중 일은 또 나중에 생각하면 된다. 하여튼 나는 이 미친 신이 정말 싫다. 이래서야 살아남을 인간들이 도대체 얼마나 있겠는가? 그냥 내 얘기이다.

子曰 管仲之器小哉 '관중(管仲)의 그릇이 작다.' 군자불기(君子不器). 공자가 그릇이 작다한 것은 그냥 칭찬이다. 관중(管仲)은 관포지교(管鮑之交)의 그 관중이다. 제(齊)나라 사람이고 제환공(齊桓公)을 패자(覇者)로 만든 인물이다. 패자(覇者)라 함은 주(周)나라 천자(天子)에 근(近)하다는 것이다. 천자를 죽이고 천자가 될 수도 있다는 것이다. 그런데 그렇게 하지 못했다. 그래서 그릇이 작다고 하는 것이다. 하(何)? 처음 볼 때 나는 그렇게 봤다. 아니면 관중이 그냥 제나라의 왕(王)을

했어야 했다고. 그 그릇 작음을 따지자니 그렇다는 것이다.

或曰 管仲儉乎 혹(或)은 계씨(季氏)이다. 따질 것이 없다. '관중이 검소(儉素)하였다는 말이군요?' 따지자면 계씨(季氏)는 검소한 인물이다. 알뜰한 인물이다. 온통 나라 걱정뿐인 것이다.

曰 管氏有三歸 官事不攝 焉得儉 '관씨가 삼귀(三歸)를 유(有)하였다.' 선생들의 번역을 보자면 아내를 셋 두었다고 하는데 그것과 검(儉)과 무슨 상관인가? 세 집 살림을 해서 돈이 많이 들었다? 빌어먹을 주제에 아내를 여럿 두는 인간들도 더러 있다. 공자 아버지도 아내가 셋이다. 삼귀(三歸)는 그냥 집으로 보는 것이 맞다. 봄과 가을을 보내는 집이 따로 있고, 여름을 보내는 집이 따로 있고, 겨울을 보내는 집이 따로 있다. 이렇게 보는 것이 맞다. '관(官)과 사(事)를 섭(攝)하지 않았다.' 사(事)는 사군(事君). 벼슬을 하고 있는 주제에 임금 알기를 우습게 알았다는 것이다. 임금을 사(事)함에 진(盡)을 쓰지 않았다는 것이다. 진(盡)을 쓸 능력이 없음이 아니라 그냥 쓰지 않았다는 것이다. 임금이 해야 할 일을 그냥 지가 알아서 스스로 했다는 것이다. 임금은 자기 할 일을 알아서 해 주니 마냥 좋다고 한다. 마치 어린 아이가 숙제를 힘들어 하기로 대신 해주는 것과 같다. '어찌 검(儉)을 득(得)하겠는가?'

然則管仲知禮乎 연즉(然則) "그러면." "그래도." 이것은 앞의 검(檢)과 이어지는 것이 아니다. 관중의 명성과 이어지는 것이다. '그렇다면 관중이 이름을 얻은 것은 예(禮)를 아는 까닭이겠군요?' 예(禮)를 안다는 것과 그릇이 작다는 것과는 또 무슨 상관인가? 계씨의 마음을 관(觀)할

수 있다. 계씨가 말하는 예(禮)는 무엇인가? 임금을 하늘같이 잘 받들어 모셨다.

曰 邦君樹塞門 管氏亦樹塞門 邦君爲兩君之好 有反坫 管氏亦有反坫 선생들의 번역으로 그냥 넘어가고 싶은데 그러면 그것이 예(禮)가 아니다. "임금이 병풍담으로 문을 가리면 管氏(관씨)도 병풍담으로 문을 가리고, 임금이 다른 나라 임금과 友好(우호)를 맺기 위하여 反坫(반점)을 만들면 管氏(관씨)도 反坫(반점)을 만들었으니." "나라의 임금이래야 나무를 심어 문안을 가릴 수 있거늘 관씨 또한 나무를 심어 문안을 가렸고, 나라의 임금이래야 두 임금이 만나는 의전 절차를 위해 대청에 술잔받침대를 두었거늘 관씨 또한 술잔받침대를 두었으니." 앞은 맞고 뒤는 틀리다. 兩君之好. 양군(兩君)은 두 임금이 아니라 왕(王)과 왕비(王妃)이다. 이것은 기본이 아닌가? 두 임금이 호(好)했다면 그것은 반역에 가까운 것이다. 두 임금은 우(友)하거나 그냥 교(交)한다. 글자가 그렇다. 반점(反坫)은 신라(新羅) 경주(慶州)의 포석정(鮑石亭)과 같다. 글자가 그렇다.

管氏而知禮 孰不知禮 '관씨가 예를 안다면 누가 예를 알지 못하겠는가?' 공자가 처음 관중(管仲)이라 하였는데 계씨가 또한 관중(管仲)으로 받으니 공자가 바로 관씨(管氏)로 급을 낮췄다. 그럼에도 계씨는 관중(管仲)이라 고집하여 예(禮)를 다하는 것이다. 어찌 계씨가 예를 모른다 할 수 있겠는가? 관씨(管氏)가 뭐냐 관씨(管氏)가. 같이 좀 정(政)을 논(論)하려고 해도 공씨(孔氏)가 너무 수준이 떨어진다. 한마디로 저질(低質)이다.

八佾 23장

子語魯大師樂 曰 樂其可知也 始作 翕如也 從之 純如也 皦如也 繹
如也 以成

子語魯大師樂 언(言)은 사이언스이고 어(語)는 라이프이다. 언(言)은
말하는 자가 없어도 말이 되지만 어(語)는 말하는 자를 꼭 같이 함께
봐야 한다. 어(語)에 말하는 자를 제외시키면 그 말이 오해(誤解)가 생
긴다. 내가 지금 쓰는 논어가 다 어(語)이다. 물론 본시 논어(論語)가 어
(語)이다. 대사(大師)도 태사(大師)라고 읽는단다. 그런 법(法)은 없는
데? 아무럼 어떻겠는가. 아마도 불가(佛家)에서 이름 있는 중을 대사(大
師)라고 하니, 나중 사람들이 태묘(大廟)를 본떠 태사라고 하자 한 듯싶
다. 아니면 말고. '공자가 노(魯) 악관(樂官)인 대사(大師)에게 악(樂)을
말하였다.' 왜 언(言)이 아니라 어(語)를 썼는지 알 수 있지 않겠는가? 그
말하는 대상이 악(樂)의 최고 전문가이다. 아는 척 하기를 신중히 하는
것이다.

曰 樂其可知也 '악(樂)은 그것이 알 수 있는 것이다.' 귀명창이란 말이
있지 않은가. 악(樂)은 노래하는 자보다 노래 듣는 자가 더 잘 알 수도
있다. 내가 비록 박자 감각이 거의 없지만 말로는 나도 잘 안다. 왜냐하
면 내 귀에 들리는 것만 아니까. 내 귀에 들리지 않는 것은 내가 애초에
모르니까. 나는 내 귀에 들리지 않는 그 무엇이 있다는 것을 나중에 알
았다. 많은 분야에서 어쩌면 모든 분야에서 내가 알 수 없는 그 무엇이
있다는 것을 나는 인정했다. 그래서 겸손해 졌나? 그래서 겸손해 졌다.
보면 모르겠는가? 봐도 모른다. 말이 그렇다는 얘기이다.

始作 바둑은 지금까지 수없이 많은 대국이 있었지만 똑같은 기보가 하나도 없다 한다. 당연한 거 아닌가? 당연한 얘기를 당연하지 않게 얘기하기에 뭔 소린가 싶었다. 똑같은 기보가 나오면 바둑은 그날로 판 접어야 한다. 말이 되는 소리를 해라. 까닭에 시(始)에 작(作)을 쓰는 것이다. 모든 시작(始作)은 작(作)이다. 술(述)은 다만 그 초(初)를 말하는 것이다. 시(始)와 그 종(終)을 하나의 초(初)로써 또 다른 시(始)로 술(述)하는 것이다. 시(始)는 종(終)으로 맺고 초(初)는 말(末)로 맺는다. 시(始)는 1 2 3이고 초(初)는 10 100 1000이다. 봐라. 내가 얼마나 겸손한가. 그래서 개념(槪念)을 좀 갖으라 하는 말이 있는 것이다. 개념이 곧 초(初)이다. 시(始)만 알고 종(終)을 모르니 개념이 없는 것이다. 어찌 100원짜리가 돈인 줄은 알아 가지고 죽어라 100원짜리만 모아서야 언제 부자가 되겠는가? 그 무거움을 또 어찌 감당하는가? 예수는 천 원짜리로 바꿔주고, 위대하신 세존께서는 만 원짜리로 바꿔준다. 공자가 500원짜리였는데 이게 서로 같지 않은 까닭에 내가 이번에 1000원짜리로 급을 올려주는 것이다. 그런데 맹 동전이다. 돈의 가치가 그만큼 떨어진 것이다. 이것은 어쩔 수가 없다. 그럼 예수가 만 원이고 위대하신 세존은 10 만원이다. 그 초(初)가 그렇다. 10만원 세존이야 나도 아직 구경도 못했다. 다만 그 초(初)를 알 뿐이니 만원 세존과 같다. 인간들은 기본이 1원이다. 따질 것이 없다.

翕如也 從之 純如也 皦如也 繹如也 합할 흡(翕). 순수할 순(純). 밝을 교(皦). 풀 역(繹). 악(樂)이나 낙(樂)이나 이게 글자가 같은 것이다. 악이 어려우면 낙으로 보면 된다. 만나서, 순수하게 교제하다가, 눈이 맞아서, 풀어 헤쳤다. 뭐 이런 얘기가 아니겠는가? 아무튼 나는 잘 모르

는 것이니 선생님들께 여쭤보시라.

以成 성(成)은 종(終)을 갖는 것이다. 까닭에 초(初)로 보아야 한다.
초(初), 중(中), 중(中), 말(末). 성(成)은 앞 말에 붙는 것이다. 따로 번역
하는 것이 아니다. 始作以成. 말이 되는지는 모르겠지만 알아서 보면
된다. 從之以成.

八佾 24장
儀封人請見 曰 君子之至於斯也 吾未嘗不得見也 從者見之 出曰
二三子何患於喪乎 天下之無道也久矣 天將以夫子爲木鐸

나는 여기서 이 하느님을 만났다. 공자의 하느님을. 약간의 두려움을
느꼈다. 3일을 고민하였다. 내가 이것을 계속 봐야 하는가. 내가 공자에
대해서 들은 것이 없었다. 나의 위대한 신은 예수에 대해서 말해주었다.
그 어린 불쌍한 예수를 불쌍히 여기라고. 그 정도야. 알았다. 그런데 이
미친 신이 나를 속였다. 나는 1990년 신을 만났다. 그는 모세가 만난 신
이고 예수가 광야에서 만난 그 사단이다. 인간들은 모르지만 이게 같은
신이다. 그런데 모세는 경배하였고 예수는 사단아 물러가라 하지 않았
는가? 이 어린 불쌍한 예수가 잘 모르는 것이다. 세상이 어떻게 돌아가
고 있는지. 그런 식으로 돈을 쓰면 제아무리 부자라 하여도 망하지 않을
수가 없다. 예수의 아버지가 얼마나 부자인지는 내가 잘 모른다. 그렇지
만 그런 식으로 돈을 쓰면 안 된다. 내가 안 된다면 안 된다. 나와 나의
위대한 신들은 지옥을 평정하였다. 인간들이 어디서 왔는지 아는가? 지
옥은 지금 비었다. 더 할 말은 없다. 왜냐하면 내가 다 지어낸 얘기이다.

내가 시(始)는 하지만 종(終)을 못 친다. 아무튼 이 하느님도 불쌍한 하느님이다. 공자의 하느님. 만났다는 얘기는 거짓말이다. 견(見)이 아니고 다만 시(視)하였다. 3일을 주시(注視)하고 나는 다시 찰(察)하였고 다시 관(觀)하였다. 그런 까닭으로 나는 지금 이 글을 쓴다. 물론 1차는 실패했다. 5년 전인가 내가 이미 이거 썼었다. 쪽팔려서 말을 못하겠다. 부끄럽다.

儀封人請見 공자는 죽었다. 의(儀)는 의식(儀式). 봉(封)은 봉분(封墳)의 봉(封)이다. '무덤을 만들던 이가 견(見)하기를 청(請)하였다.' 견(見)의 의미로 보아 이가 곧 공자의 하느님이다. 공자의 하느님이 견(見)하기를 청하였다는 것이다.

曰 君子之至於斯也 '군자(君子)가 이곳에 이르렀다.' 사(斯). 이곳은 삶과 죽음의 경계이다.

吾未嘗不得見也 '군자(君子)가 이곳에 이르렀는데, 내가 견(見)을 득(得)하지 못함을 아직 맛보지 않았다.' 상(嘗)은 맛보다. 내가 처음 볼 때 이 봉인(封人)이라는 자가 상당히 거만한 것이다. 본능적인 거부감이 들었다. 견(見) 득(得) 상(嘗) 미(未). 어느 것 하나 거만하지 않은 글자가 없다. 그런데 이 봉인(封人)이라는 자가 누군지 기록에 없단다. 미친 소리. 이 정도면 기록에 남아야 한다.

從者見之 出曰 견(見)은 얼굴을 마주 하는 것이 견(見)이다. 공자는 어디 있는가?

二三子何患於喪乎 공자는 죽었다. 내가 여기까지 볼 때 한 번도 공자를 견(見)하지 않은 적이 없다. 그런데 이 말씀에는 공자가 없다. '공자가 없음을 어찌 걱정하는가?' 이 거만한 봉인(封人)은 처음부터 맘에 안 들었다. 봉(封)이 봉인(封印)인가? 내가 두려움을 느낀 것이 이것이다. 이것을 내가 뜯어도 되는가? 나는 당신을 모르는데? 나는 그저 돈 벌 욕심으로 지금까지 썼는데? 3일을 고민했다. 조금 더 보다 역시 나는 주식해서 돈 벌어야겠다 그만두고 1년 후에 다시 본 것이다. 물론 1차는 실패했다. 부끄럽다. 누군가 다른 인간이 있겠지. 이 하느님도 생각이 있겠지. 내가 그래도 도둑질은 안 한다. 그런데 내 주식계좌에 300이 남았다. 물론 나는 아직 월급을 받고 있었다. 10년 저축액을 5년에 걸쳐 꾸준하게 다 말아먹었다. 나는 돈이 있어야 한다. 나의 분노를 삭이려면 돈이 필요했다. 지금도 별 다르지 않다. 그래서 내 말투가 이렇다. 아마도 나중에 이 하느님이 저작권의 권리를 청구할 것이다. 솔직히 내게 남는 것이 별 없다. 그래도 절반은 나의 몫이다. 절반의 절반은 나의 몫이다. 그러자면 나는 지금 공자를 예수와 동급으로 만들어야 한다. 공자를 부활시킨다. 二三子. 일(一)자가 공자의 자(子)이고 이(二)자는 공자의 제자이고 삼(三)자는 공자의 제자의 제자이다. 번역은 알아서 하라.

天下之無道也 久矣 이 거만한 하느님의 말씀이다. 사실은 불쌍한 하느님이다. '천하(天下)에 도(道)가 무(無)하도다. 오래되었구나.'

天將以夫子爲木鐸 장(將)은 장수(將帥) 이건 내가 종(終)을 못 치니까 그냥 장차(將次). '하늘이 장차 부자(夫子)로서 목탁(木鐸)을 이룰 것이다.' 하느님이 다 같은 하느님이 아닌 것이다. 물론 인간들에겐 다 같

은 하느님이다. 예수를 보라. 이게 꼴에 하느님 알기를 우습게 안다. 누구는 아버지가 없겠는가? 아버지로 따지자면 예수의 아버지보다 예수의 사단의 아버지가 휘얼씬 더 부자이다. 물론 쪽팔리는 얘기이다. 그대도 이제 아버지 찾지 말고 독립 좀 해라. 언제까지 아버지 돈으로 돈 자랑을 하겠는가.

八佾 25장
子謂韶 盡美矣 又盡善也 謂武 盡美矣 未盡善也

子謂韶 소(韶)는 순(舜)임금 시대의 악(樂)이라고 한다. 나는 모르고 선생님들이 아신다. 사실 선생들도 모를 것이다. 중간에 하(夏)나라와 은(殷)나라가 있는데 어찌 알겠는가? 공자가 말이다. 물론 하느님은 아신다. 하느님이 아시는 까닭에 공자도 아는 것이다.

盡美矣 又盡善也 이 미(美)는 보지 않았는가? 학이12장 先王之道 斯爲美 유자(有子)님의 하느님 말씀으로 보았다. 진(盡) 자도 보았고. 학이13장의 亦可宗也 이것도 알아야 한다. 역시 유자(有子)님의 하느님 말씀으로 보았다. 그럼 다 본 것이다. 선(善)을 안 보았던가? 모르겠다. 또 보면 된다. 선(善)은 사이언스이다. 그 좋음이 사이언스이다. 라이프의 좋음과 전혀 다르다. 아니면 많이 다르다. 성경의 창세기에 나오는 "빛이 있으라 하시니 빛이 있었고 그 빛이 하나님이 보시기에 좋았더라." 이 좋음이 바로 선(善)이다. 위대한 하느님이 천지(天地)를 선(善)으로 지으신 것이다. 선(善)이 곧 사이언스이다. 다 본 것이지만 또 본다. 진(盡)은 거의 죽는 것이다. 거의 죽음으로 미(美)를 이루었다? 그러면 그

것이 곧 선(善)이다. 亦可宗也. 거의 죽음으로 선(善)을 이루었다? 그러면 그것이 곧 진(眞)이다. 무슨 말인지 모르겠으면 선생님들께 여쭤보시라. 아무도 모르면 내가 10년 쯤 후에 다시 말한다. 내가 죽지 않는다면. 물론 그땐 좋은 말로 안 한다.

謂武 무(武)는 은(殷)나라를 정벌한 무(武)임금 시대의 악(樂)이란다. 곡(曲)은 알 필요가 없다. 글자만 좀 알기를 바란다. 곡(曲)을 안다면 당신들이 오래 살지 못할 것이다.

盡美矣 未盡善也 진(盡)은 죽는 것이다. 이것은 진력(盡力)이지 전력(全力)이 아니다. 오(吾)는 완전히 죽었다고 보고 아(我)가 겨우 숨이 붙어있는 것이다. 이것이 무엇인지 알겠는가? 모른다. 행여 누군가 안다면 내가 이미 죽었을 것이다. 내가 목숨이 붙어 있으니 당신들은 모른다. 쉬운 예는 역시 세존(世尊)이다. 세존께서 그 진(盡)이 무엇인지 6년의 고행(苦行)으로 보여주셨다. 진(盡)은 거의 그런 것이다. 내가 당신들에게 그런 고행을 바라는 것이 결코 아니다. 다만 알기는 그렇게 알라는 말이다. '무왕(武王)의 악(樂)은 그 진(盡)을 다하자면 선(善)하기는 하나 그 진(盡)을 다하여도 진(眞)하지는 아직 못하다.'

어려운 말씀이다. 그래도 누군가 깨우치기를 소망한다. 상(想)의 일이야 이틀이면 다 안다. 그러나 사(思)는 시간을 요구한다. 시험받을 것이다.

八佾 26장

子曰 居上不寬 爲禮不敬 臨喪不哀 吾何以觀之哉

하여튼 마치는 글을 잔소리이다. 이 글을 내가 본다.

居上不寬 관(寬)은 관용(寬容). "남의 잘못을 너그럽게 받아들이거나 용서함. 또는 그런 용서." '상(上)에 거(居)하면서 관용(寬容)이 없다.'

爲禮不敬 '예(禮)를 이루고자 함에 불경(不敬)하다.'

臨喪不哀 '남의 죽음을 슬퍼하지 않는다.'

다 내 얘기이다. 나는 관용이 없다. 나는 불경하다. 인간의 죽음이야 하찮다. 다 내 얘기이다. 무슨 말인지는 안다. 약속은 못 한다. 그러나 노력은 하겠다.

吾何以觀之哉 하느님은 다 무섭다. 안 그러면 나를 죽이겠단다. 관(觀). 이 글자는 무서운 글자이다. '내가 너를 어찌 할 것 같은가?' 대충 이런 의미이다. 공자는 아까 죽었는데 이 공자는 그냥 하느님이다.

里仁

里仁 1장

子曰 里仁爲美 擇不處仁 焉得知

子曰 '하느님이 말씀하시었다.' 이인편이 다 이렇다. 공자는 죽었다. 공자는 이제 하느님이다.

里仁爲美 이(里)는 마을 이(里). 위미(爲美)는 팔일25장에서 보았다. 盡美矣. '마을의 인(仁)은 미(美)를 이루고자 함이다.' 문(文)은 화(化)하는 것이니 말을 바꾸어 보자. '인민(人民)의 인(仁)은 미(美)를 이루고자 함이다.' 노파심에서 하는 얘기지만 문(文)을 화(化)하기로 당신들이 함부로 하면 안 된다. 당신들은 문(文)을 먼저 학(學)하시라. 먼저 글자를 배우고 반드시 사(思)하시라. 결코 속일 수 없다. 분명하다. 내게 잘못이 있으면 나는 벌 받는다. 너무나 당연하다. 공부는 목숨 걸고 하는 것이다. 함부로 목숨을 걸지 마라. 노파심에서 하는 얘기이다. 나의 말의 가벼움에. 당신들도 가볍게 말하면 안 된다. 나는 공부 많이 했다. 나는 거의 죽을 정도로 사(思)하였다. 결코 속일 수 없는 것이다. 그리고 글자를 배우기 이전에 먼저 행(行)하여야 할 것이 있지 않겠는가? 학이6장에서 보았다. 나는 먼저 행(行)을 권한다. 내가 이래서 돈을 벌어서 글을 쓰려고 했다. 이것은 인간들에게 너무 어렵다. 진실로 많은 인간들이 넘어질 것이다. 부디 착하게들 사시라. 나쁜 마음으로 살지 마시고. 오버했다. 미안하다. 위미(爲美)는 시(始)이고 진미(盡美)는 종(從)이니 곧 초(初)이다. 그러면 그것이 곧 선(善)이다. 선(善)은 사이언스이다. 선(善)은 재(在)한다. 선(善)은 거의 영원히 산다. 적어도 30억년은 산다. 물론 불가(不可)하다. 인민들에게는 불가하다. 금(禁). 나는 하느님을 믿지 않는다. 그러나 인민들은 하느님을 믿지 않을 수가 없다. 신(信)을 쓰지 않

을 수가 없다. 그래서 나도 신(信)을 쓰는 것이다. 나도 이제 하느님을 믿어야 한다. 착하게 살아야 한다. 진(盡)은 선생들의 일이고 인민들은 위(爲)하면 된다. 인민들이 모두 선생이 될 수는 없지 않겠는가? 잔소리는 그만 해야겠다. 미안하다. 미(美)는 미풍양속(美風良俗)의 미(美)이다. 이것도 지금은 다 사라졌다. 그래도 말이야 남아있지 않겠는가? 아무튼 이 말씀은 착하게 살라는 말씀이다. 라이프의 선(善)이 곧 미(美)인 것이다. 그것이 사이언스의 선(善)과는 다르지만 그것을 위(爲)하여 진(盡)한다면 반드시 다른 것만은 아니다. 글이 길어지는 것은 내가 잘 모르는 까닭이다. 통감한다. 未盡善也. 인민들에게 이것은 바라지 않는다. 선생들이 혹 마음이 있다면 애쓰시길 바란다. 물론 목숨은 소중한 것이다. 함부로 목숨을 걸지 마시라. 착하게 살아야 한다. 爲美. 이 말씀은 그런 말씀이다.

擇不處仁 택(擇)이 선택(選擇)의 택(擇)이나 이제는 이미 선(選)의 기회는 없다. 선(選)은 불가에서 말하는 출가(出家)가 다른 하나였다. 공자의 때에 출가라는 말은 없어도 은자(隱者)라는 말은 있었다. 그러나 이제는 없다. 중들이 출가를 하였다고는 하나 그들이 이(里)를 이루고 있으니 도대체 무엇이 다르겠는가? 지금은 선택의 여지가 없는 것이다. 착하게 살아야 한다. 처(處)는 처세(處世). 이것은 정확한 해석이다.

焉得知 '어찌 지(知)를 득(得)하겠는가?' 어찌 언(焉)은 어떻게. How. '어떻게 지(知)를 득(得)하겠는가?' 이것이 외길이라는 것이다.

나는 다 봤는데 뭔가 부족한 느낌이다. '마을의 인(仁)은 위미(爲美)이다.' '마을에 살면서 미(美)를 이루려고 처세하지 않는다면 어떻게 지(知)를 득(得)하겠는가?' 나머지는 선생들의 일이다. 미(美)는 미풍양속(美風良俗).

里仁 2장
子曰 不仁者不可以久處約 不可以長處樂 仁者安仁 知者利仁

不仁者不可以久處約 '마을에 살면서 미(美)를 이루려고 하지 않는 자는.' 약(約)은 약속(約束), '약속을 처세(處世)함을 오래 할 수 없다.' 말이 많이 부족하지만 약(約)은 구약(舊約) 신약(新約)의 그 약(約)과 의미적으로 같다. 하느님의 약속이다. 이(里)의 약속이지만 그 근본을 따지자면 하느님의 약속이다. 나는 근본 안 따진다. 그래서 대신 신(信)을 쓰기로 했다. 신(信)을 쓴다 함은 내가 하느님의 자리를 공(共)한다는 것이다. 무슨 말인가 하면 신(信)을 쓰기로 나는 하느님에게 기도하거나 빌지 않는다. 신(信)은 기본이 부채이다. 그러나 내겐 그 부채보다 더 많은 의(義)의 담보가 있다. 빌 까닭이 없다. 물론 당신들은 모르는 얘기이다. 미안하다. 모르는 얘기해서. 아무튼 이제 공자가 거의 하느님이라는 얘기를 하고픈 것이다. 학이12장 先王之道 斯爲美. 선왕(先王)은 요순(堯舜)시대의 하느님이다. 요(堯)임금과 순(舜)임금에 대한 얘기는 찾아보라. 이름이 임금이지 이들은 거의 인민들의 머슴이다. 그렇게 일을 하였다. 그런 식으로 일을 하였다. 말씀의 약(約)을 알려면 동양과 서양의 문화적 근거와 역사적 배경을 알아야 하는데 나는 잘 모르고 선생님들이 잘 아신다. 아무튼 약(約)은 하느님의 약속이다. '구(久)로써 약(約)을 처세(處世)할 수 없다.'

不仁者不可以長處樂 '불인(不仁)자는 하늘나라 못 간다.' 다른 뜻은 없다.

仁者安仁 知者利仁 인자(仁者)는 爲美者(위미자), 지자(知者)는 진미자(盡美者). 爲美者(위미자)는 라이프의 선(善)이고 진미자(盡美者)는 사이언스의 선(善)이다. '미(美)를 이루려고 하는 자는 미(美)를 이루고자 함에 안정(安定)하고, 선(善)을 이루려고 하는 자는 미(美)를 이루고자 함을 이롭게 한다.' 말이 부족해서 죄송하다. 모르겠으면 다음에 또 하자.

里仁 3장
子曰 惟仁者能好人 能惡人

유(惟)는 생각할 유(惟). 오직 유(惟)와 오직 유(唯)의 다름은 앞에서 보았다. 유(惟)는 결코 두 사람이 함께 할 수 있는 것이 아니다. 오직 나의 아(我)와 오직 아(我)의 하느님의 일이다. 유(惟)의 의미가 그렇다. '오로지 미(美)를 이루려고 하는 자만이 타인(他人)을 좋아할 수 있고 타인(他人)을 미워할 수 있다.' 이것은 사이언스이다. 결코 속일 수 있는 것이 아니다. 라이프의 선(善)도 따지자면 사이언스이다.

里仁 4장
子曰 苟志於仁矣 無惡也

구(苟)는 진실로 구(苟). 앞의 3장과 이어지는 말씀이다. '참으로 미(美)

를 이루고자 함에 지(志)를 두었다면 타인(他人)을 미워함이 없다.'

3장의 말씀과 좀 다르지 않은가? 3장이 爲美者(위미자) 4장이 진미자(盡美者) 이렇게 보면 되겠다. 다시 말하지만 이게 무슨 말인지 이틀이면 안다. 아는 척 할 수 있다는 것이다. 나보다 더 잘 알 수도 있다. 다만 나는 언(言)이 아니라 행(行)을 권한다. 속일 수가 없다. 왜냐하면 이것은 사이언스이다.

里仁 5장
子曰 富與貴 是人之所欲也 不以其道得之 不處也 貧與賤 是人之所惡也 不以其道得之 不去也 君子去仁 惡乎成名 君子無終食之間違仁 造次必於是 顚沛必於是

富與貴 是人之所欲也 不以其道 得之不處也 처(處)는 처세(處世). '부(富)와 귀(貴)는 사람들이 다 바라는 것이다. 그러나 그 바람이 미(美)를 이루고자 함이 아니라면 그 얻음을 처세(處世)하지 말라.' 번역이 부끄럽지만 할 수 없다. 그래도 알아듣지 않겠는가? 부귀(富貴)가 무슨 고스톱 쳐서 얻는 것도 아니고 그것에 처(處)한다는 게 말이 되겠는가? 처(處)는 처세(處世)가 맞다. 보통 부(富)와 귀(貴)는 그것을 얻으려면 10년 20년 30년 그것도 뼈 빠지게 일해야 한다. 아니라면 분명 처세(處世)를 잘못하고 있는 것일 게다.

貧與賤 是人之所惡也 不以其道 得之不去也 '가난과 미천함은 사람들이 다 싫어하는 것이다. 그러나 그 싫어함이 미(美)를 이루고자 함이

아니라면 그 얼음을 버리지 말라.' 무슨 말인지 모르겠으면 세 번 다시 보라. 내가 쓴 글이지만 나도 세 번 보고야 뭔 말인지 겨우 알겠다. 미안하다. 착하게 살지 않으려면 그냥 가난하게 사는 게 더 낫다는 뭐 그런 말씀이겠다.

君子去仁 惡乎成名 논어가 본시 군자를 위한 책이다. 인민들 보라고 지어진 책이 아니다. 그래서 말씀이 좀 어렵다. 그래서 공자가 500원짜리인 것이다. 예수나 세존은 신앙의 대상이다. 그들은 애초에 인간세상 밖의 존재들이다. 그 말씀들이 인간 세상에서 비롯한 것이 아니다. 그런데 공자는 좀 애매하지 않은가? 지금 나의 글쓰기는 환전하는 것과도 같다. 공자의 500원을 100원짜리 5개로 바꾸는 것이다. 이것은 마치 핵(核)이 분(分)하는 것과도 같다. 악용(惡用)하면 원자폭탄을 만들 수도 있다. 당신들을 다 죽일 수도 있다는 것이다. 무섭지 않은가? 내가 처음 그런 생각을 좀 했기로 이 미친 하느님이 나를 죽이려고 했다. 겨우 살았다. 물론 나는 예수를 분(分)하려고 했다. 그러나 그것은 이 미친 하느님이 신(信)을 쓰지 않으면 불가했다. 나의 이 미친 하느님은 다만 의(義)를 쓴다. 그러던 중에 논어를 본 것이다. 내게 이 정도의 돈은 있다. 이 글의 첫째 대상은 선생들이다. 그래도 김용옥선생은 100원짜리는 된다. 나는 선생들을 이해시키면 된다. 글이 길어지는 것은 내 욕심이다. 100원 4개 10원 10개 나는 지금 공자를 이렇게 분(分)하고자 노력한다. 착하게 사는 인민들은 10원이다. 착하게 사는 인민들도 이해할 수 있게 나름 노력하는 것이다. 어쩌면 나중에 악용(惡用)하여 핵폭탄을 만드는 자가 있을지도 모르겠다. 원리는 같다. 100원을 10원 10개로 분(分)하거나 10원을 1원 10개로 분(分)하는 것이다. 그러나 이정도 가지고 인간세

상이 멸망하지는 않는다. 많이 죽을 수는 있다. 악용(惡用)하면 말이다. 그런 말씀들이 이 말씀에 있는 것이다. '군자(君子)가 인(仁)을 버려도 이름을 얻을 수 있다. 악명(惡名).'

君子無終食之間違仁 말씀이 어렵다. 내가 거짓말이 아니다. 사(思)는 1초도 끊임이 있어서는 안 된다. 나는 거의 10년을 그렇게 살았다. 물론 지금은 아니다. 나의 위대한 신이 내 돈을 다 털어먹은 후로는 아무 생각이 없다. 도무지 믿을 만한 신이 아니다. 사단아 물러가라. 안 간다. 다만 버리지 않을 뿐이다. '군자(君子)는 밥을 먹는 중에도 인(仁)을 위(違)하기를 종(終)함이 없다.' 이해가 되는가? 사(思)가 곧 성(省)이다. 성(省)을 끊임없이 하라는 말씀이다. 종(終)을 해야 초(初)가 되는 것이다. 초(初)를 해야 아는 척을 할 수가 있다. 초(初)가 곧 기본이고 개념이다. 그래야 그것을 안다고 최소한의 것을 말할 수 있는 것이다. 그런데 종(終)을 하지 말란다. 위(違)는 어길 위(違). 인(仁)이란 무엇인가? 인(仁)은 인(忍)이다. 인(忍)이란 무엇인가? 인(忍)은 용(勇)이다, 인(忍)은 자(慈)이다, 인(忍)은 비(悲)이다, 인(忍)은 애(愛)이다. 용(勇)이란 무엇인가? 용(勇)은 불인(不忍)이다. 인(忍)은 불인(不忍)이다. 불인(不忍)은 인(仁)이다. 인(仁)이란 무엇인가? 인(仁)은 모순(矛盾)이다. 모순(矛盾)이란 무엇인가? 밤새도록 한다. 위대한 신들의 사회에서는 보통 천 년은 해야 종(終)을 칠까 말까 한다. 이것은 종(終)을 칠 수가 없다. 어려운 말씀이다. 위(違)는 그런 어김이다.

造次必於是 顚沛必於是 '변명을 할 때에도 반드시 이것에서 하고, 비난을 받을 때에도 반드시 이것에서 하라.' 조차(造次)는 변명(辨明). 버

금을 지으니까 그게 변명이다. 전패(顚沛)는 비난(非難). 내가 보기엔 그런 듯싶다. 글자는 찾아보시라.

里仁 6장

子曰 我未見好仁者 惡不仁者 好仁者 無以尙之 惡不仁者 其爲仁矣 不使不仁者加乎其身 有能一日用其力於仁矣乎 我未見力不足者 蓋有之矣 我未之見也

我未見好仁者 惡不仁者 아(我)는 배타적인 나이다. 아(我)는 모든 인간에 다 있다. 무아(無我). 세존의 법(法)을 보자. '아(我)는 없다.' 다 있는데? 다 있다니까? 번역을 잘못했다. 무오(無吾) '오(吾)는 없다.' 일단은 폼이 안 난다. 오(吾)가 없다면 오등(吾等)도 없는 것이고, 오등(吾等)이 없다면 하등(何等)도 없는 것이다. 그러나 상등(上等)이 존(存)하고 하등(下等)이 유(有)하니 어찌 하등(何等)인들 없겠는가. 아(我)는 있다. 유아(有我). 아(我)가 없다는 것은 아(我)가 없다는 것이 아니라 유(有)가 무(無)하다는 것이다. 무아(無我). 이것이 '나는 없다'로 쓰지만 필시 '너는 없다'로 읽어야 하는 것이다. 나만 나가 있다. 세존의 법이 보통 이렇다. 아주 대단히 배타적인 나이다. 천상천하유아독존(天上天下唯我獨尊) 여기 있는 아(我)가 세존의 '나만 나가 있다.' 너는 없다. 아(我)가. 없다면 없다. 나가. 솔직히 나는 굴복하였다. 대단히 쪽팔리지만 나는 없음을 고백하였다. 나는 없다. 무(無). 나는 무(無)하다. 그렇지만 나는 존(存)하고 나는 재(在)하다. 다만 나는 무(無)함을 인정했다. 그래서 당신들 안 죽이는 것이다. 솔직히 죽일 수가 없다. 당신들은 불사신이다. 인간들은. 죽이다가 내가 죽는다. 세존은 참으로 위대하시다. 내가 인

간들을 못 죽이지만 세존은 죽일 수 있다. 물론 지금은 무리다. 내가 죽는다. 나중에. 일단은 공자를 살려야 한다. 오(吾)가 아니라 아(我)를 썼다. 당연하다. 위대한 신은 오(吾)를 쓰지 않는다. '아(我)는 아직 견(見)하지 못했다. 인(仁)을 호(好)하는 자(者), 불인(不仁)을 오(惡)하는 자(者).' 인(仁)은 1장에서 보았다. 위미(爲美). 미(美)를 이루고자 함이 인(仁)이다. 미(美)는 미풍양속(美風良俗). 미(美)는 라이프의 선(善)이다. 사이언스의 선(善)을 이루고자 함은 바로 세존(世尊)이다. 세존께서 선(善)의 진(盡)을 다 하시니 그가 바로 진(眞)이다. 물론 따지자면 세존은 진(眞)에 근(近)한 것이다. 그러나 내가 보기에 그냥 진(眞)이라 하여도 별 다름이 없을 듯싶다. 세존(世尊)은 위대하시다. 예수의 아버지가 천원이라면 세존은 만 원이다. 세존은 하느님들 보다 급이 높다. 내가 하느님들과 거의 동급인데 나보다 높다. 그만 하자. 말씀에 아직 견(見)하지 못했다는 것은 군자(君子)들이 인(忍)하지 못하고 도중(道中)에 종(終)하였다는 것이다. 그 종(終)을 마친 초(初)가 이 하느님이 보시기에 선(善)에는 아직 미치지 못했다 그런 말씀이다.

好仁者 無以尙之 惡不仁者 其爲仁矣 앞의 말씀들을 층층이 쌓아서 눌러서 하나로 보아야 한다. 그래야 이해를 한다. 위미(爲美) 진미(盡美) 이것을 알아야 이 말씀도 알 수 있다. 호인자(好仁者)는 진미자(盡美者)이다. 이 자(者)는 이 하느님이 아직 견(見)하지 못했다는 자이다. 무이상지(無以尙之) 상(尙)은 숭상(崇尙). 의미를 말하자면 진(盡)으로 인(仁)을 이루는 자가 있다면 이 하느님이 죽겠다는 것이다. 자기 자리를 물려준다고. 그런데 바라지도 않는다는 의미도 좀 있다. 이어지는 말씀에. 지난 군자들 꼬락서니 보니 기대도 안 한다. 제발 좀 불인(不仁)

을 미워하는 자(者)라도 좀 되어 다오. 그것이 인(仁)을 이룸이라 하겠다. 의미는 그렇다. 내가 그래서 인(仁)을 인(忍)이라고 했다. 호인자(好仁者)의 인(仁)은 인(忍)으로 부족하다. 약속은 못 한다. 노력은 한다.

不使不仁者加乎其身 불사(不使)는 시키지 말라. 불인자(不仁者)가 가(加)하는 도다. 그 신(身). 말씀은 어렵다. 가령 나쁜 놈을 나쁜 놈이라고 말하면 그렇게 말하는 나도 나쁜 놈이 될 수 있다는 것이다. 어려운 말씀이다. 까닭에 성(省)을 단 1초라도 종(終)하지 말라는 것이다. 나쁜 놈을 나쁜 놈이라 말하지 말라는 것이 아니라 그 말하는 중에도 나쁜 놈이 나쁜 놈은 아니라는 그 위(違)를 성(省)하라는 것이다.

有能一日用其力於仁矣乎 '하루라도 인(仁)에 그 역(力)을 용(用)할 수 있다고 할 수 있겠는가?' 역(力)은 나쁜 놈을 나쁜 놈이라고 말하여 내가 나쁜 놈이 되지 않을 수 있는 힘. 그 따지는 힘. 이 하느님의 따짐을 내가 이길 수 있는 힘.

我未見力不足者 '나는 아직 그런 전철을 밟지 않는 그 힘 있는 자를 만나지 못했다.'

蓋有之矣 我未之見也 '아마도 있기는 있을 것이다. 그러나 나는 아직 만나지 못했다.' 개(蓋)는 덮을 개(蓋). 개연성(蓋然性). 이 하느님이 죽고 싶어서 환장을 한 것이다. 그대는 죽기를 원하는가? 나는 아니다. 나는 오래 살아야 한다. 이미 그러기로 했다. 미안하다.

里仁 7장

子曰 人之過也 各於其黨 觀過 斯知仁矣

人之過也 과(過)는 과욕(過慾). 야(也)로 마친 것은 야(也)로 해석해
야 한다. 시(始)가 아니라 초(初)로 해석해야 한다는 것이다. '인간이 곧
욕심이다.' 욕심 없는 인간은 없다. 하나도 없다. 인간이 곧 허물이라는
것이고, 인간이 곧 죄인이라는 것이다. 따질 것도 없고 인간이 본시 그
렇다. 그래서 어쩌자는 것이냐? 나는 죽여 버리자고 했다. 이미 지난 일
이나 내가 그것을 모른다 할 수 없다. 나의 과(過). 나의 과욕(過慾).

各於其黨 觀過 斯知仁矣 당(黨)은 정당(政黨). 나의 정당은 여전히
예수이다. 나는 그를 버릴 수 없다. 지옥 끝까지 그를 쫓으리라. 그때는
나도 죽을 것이다. 아마도. 나는 불인자이다. 나는 파괴자이다. 그럼 이
제 나의 인(仁)을 알겠는가? 관(觀)은 어려운 글자이다. 또 무서운 글자
이다. 함부로 안다고 하지 말라.

里仁 8장

子曰 朝聞道 夕死可矣

죽고 싶으면 그대는 죽으라.

里仁 9장

子曰 士志於道 而恥惡衣惡食者 未足與議也

신은 죽었다. 이 복잡한 말씀들을 내가 다 말할 수는 없다. 아무튼 이 말씀은 부활한 공자님의 말씀이다. 그가 곧 그다. 나는 공자가 하느님을 견(見)하였는지 잘 모른다. 그러나 내가 아는 안회는 하느님을 견(見)하였다. 이 논어가 그렇게 적혀진 것이다.

子曰 '공자는 말하였다.' 이것은 마치 '소크라테스는 말하였다.'의 플라톤의 형식과 같다. 라이프의 공자를 사이언스의 공자로 바꾼 것이다. 나는 안회를 불쌍히 여긴다.

士志於道 사지(士志)는 곧 지사(志士). "나라와 민족을 위하여 제 몸을 바쳐 일하려는 뜻을 가진 사람." 지사(志士)의 도(道)는 저녁에 죽어도 가(可)하다. 무슨 말인지 알겠는가? 모른다. 누군가 아는 자가 있기는 있을 것이다. 아니라면 내가 미쳤다고 이 짓을 하고 있겠는가? 없으면 만들면 된다. 문제없다.

而恥惡衣惡食者 '구차한 옷과 구차한 음식을 부끄러워하는 자.' 안회는 구차한 옷과 구차한 음식을 부끄러워하지 않았다. 논어 어디에 공자님 말씀으로 나오는 얘기이다. 공자는 부끄러워했다. 그러나 그것이 다르지 않음은 공자는 그 성(省)을 그치지 않았고 그 미(美)를 이루고자 함의 욕(欲)일 뿐인 것이다. 공자가 부끄러워하는 그 자체가 다만 예(禮)를 이루고자 함의 예(禮)인 것이다. 알기는 공자도 잘 안다. 하기로 하자면 못 할 것이 하나도 없다. 그렇지만 안 한다. 못 한다. 하고 싶으면 너나 해라. 안회가 고집이 있다. 남들은 다 종(終)을 쳤는데 안회는 끝내 종을 치지 않았다. 안회가 살면 공자는 죽고 공자가 살면 안회는 죽는

다. 내가 보기에 그렇다. 하늘은 안회를 버렸다. 죽기는 안회가 죽었는데 공자는 하늘이 자기를 버렸다고 애통해 했다. 인간들은 잘 모르지만 그것이 예(禮)인 것이다. 공자는 승리했다. 안회와의 싸움에서. 구차한 옷과 구차한 음식이 부끄럽다 이런 건 따지는 것 그 자체가 이미 부끄러운 일이다. 구차한 일이다. 그저 저녁에 죽을 일이나 생각하라. 저녁에 죽을 놈에겐 좋은 옷과 좋은 음식이 맞다.

未足與議也 의(議)는 의논할 의(議). 의(議)는 글자에 논(論)과 결(決)이 다 들어있는 것이다. '아직 더불어 의(議)함을 밟지 않는다.' 시(始)하지 않는다. 왜냐하면 그런 자와 논(論)하면 종(終)이 없다. 저녁에 죽을 것이다 결(決)해도 아침이면 다시 살아난다. 다시 논(論)해야 한다고 한다. 어찌 하는가? 다시 논해야 한다. 다만 이번엔 결(決)을 맺지 않는다. 그럼 다음에 또 논해야 한다. 어차피 종(終)은 모르고 이 미련하고 어리석은 자가 안다. 죽느냐 사느냐. 그것이 도대체 무슨 문제인가? 참으로 답답하다. 그냥 인(忍)이다. 이 자가 종(終)을 칠 때까지 기다리는 것이다. 그런 연후에 초(初)로써 족(足)하는 것이다. 죽느냐 사느냐. 너는 그냥 집으로 가라. 그리고 잘 살아라. 다시 내 눈에 띄면 죽는다.

사(士)는 전사(戰士)이다. 그것이 문과(文科)이든 이과(理科)이든 무과(武科)이든 사(士)는 전사이다. 아니라면 책을 접어라.

里仁 10장
子曰 君子之於天下也 無適也 無莫也 義之與比

君子之道於天下也 도(道)는 내가 넣었다. 9장의 그 도(道)이다. 저녁
에 죽는 도(道). 저녁에 죽을 수 있는 도(道). 내가 그냥 넣은 것이 아니
라 너무나 당연한 까닭에 생략한 것을 내가 넣은 것이다. 나는 5분이면
죽을 수도 있다. 5분이면 충분하다. 군자(君子)되기가 결코 쉬운 게 아
니다. '천하(天下)에 군자(君子)의 도(道)가 있다.'

無適也 無莫也 '적도(適道)도 없고 막도(莫道)도 없다.' 가라는 길도
없고 가지 말라는 길도 없다.

義之與比 '군자(君子)가 곧 길이다.' 판단은 군자의 의(義)이다. 죽느냐
사느냐. 나는 오래 살기로 했다. 내가 오래 산다면. 그래도 누군가는 죽
어야 한다. 그것은 내가 아무리 성(省)을 하여도 피할 수가 없다.

里仁 11장
子曰 君子懷德 小人懷土 君子懷刑 小人懷惠

회(懷)는 품을 회(懷). 이것은 소망(所望)이다. 믿음과 소망과 사랑 중
에 그 소망이다. 그 중에 제일은 사랑이겠는가? 그것이 바로 소인의 회
(懷)이다. 내가 뭐라 하는 것이 아니다. 알기는 그렇게 알라는 것이다.
덕(德)은 베푸는 것이고 토(土)는 소유하는 것이다. '군자(君子)는 허물
이 있을 때 형벌(刑罰)을 소망하고 소인(小人)은 허물이 있을 때 은혜
(恩惠)를 소망한다.' 그래도 제발 거기까지만 하시라. 은혜를 믿고 은혜
를 소망하고 은혜를 사랑하고. 참으로 답답하다. 내가 비록 인(忍)에 능
(能)하지만 장담을 못 한다. 그렇다는 얘기이다.

里仁 12장

子曰 放於利而行 多怨

이(利)는 욕(慾)이다. 군자의 욕(欲)은 소인의 욕(慾)과 다르다. 군자의 욕심은 덕(德)에 있고 소인의 욕심은 토(土)에 있다. 말씀의 이(利)는 덕(德)에 대한 지나친 욕심이라는 것이다. 이게 다 당신들 잘 되라고 하는 소리이다. 그런데 그것이 지나치면 원(怨)이 다(多)하단다. 미안하다. 내가 이미 다 아는 소리이다. 내가 그것을 피할 수가 없다. 당신들의 원망을 피할 수가 없다. 다시금 인(忍)하기로 다짐하지만 내가 장담하지 못한다. 내가 인(忍)하지 못한다면 나는 죽여 버릴 것이다. 그러니 적당히 하라는 것이다. 내가 그래도 방만(放漫)하지는 않는다. 그렇지 않아도 원(怨)이 다(多)한데 내가 미쳤겠는가? 내가 예수와 같이 덕(德)을 쓰지는 않는다. 내가 죽을 정도면 나는 대신 죽인다.

里仁 13장

子曰 能以禮讓爲國乎 何有 不能以禮讓爲國 如禮何

'예(禮)로써 나라 이루기를 사양하는가?' '그러면 나라가 어찌 있겠는가?' '예(禮)로써 나라 이루기를 사양하지 않는가?' '그럼 그 예(禮) 같은 것은 무엇인가?'

내가 예(禮)에 밝으니 나는 사양하기로 했다. 나라는 없다. 불능(不能) 내가 인(忍)하지 못한다면? 어쩌면 그럴지도 모른다. 그럼 그 예(禮) 같은 것은 어찌 하겠는가? 법(法)대로 하면 된다. 내가 또한 법(法)에 밝다. 물론 그 쪽팔림이야 나의 몫이다. 생각만 해도 두렵다.

양(讓)은 사양할 양(讓). 적어도 세 번은 사양해야 한다. 그리고 다시 또 세 번 사양한다. 그래야 예(禮)이다. 위대한 신들의 사회에서도 세 번은 그냥 거의 법(法)이 되었다. 쪽팔린 줄을 모른다.

里仁 14장
子曰 不患無位 患所以立 不患莫己知 求爲可知也

환(患)은 근심 환(患). 우환(憂患). 우는 복잡한 근심이고 환은 단순한 근심이다. 보통 우는 다가올 일의 걱정이고 환은 지나간 일의 걱정이다. 내가 보기에 글자가 그렇다. 위(位)는 왕위(王位). 13장에 국(國)이 나왔지 않는가. 당연히 왕위이다. 논어는 기본이 제후의 왕(王)이다. 막(莫)은 없을 막(莫). 이것은 찾아보니 없다는 것이다. 내가 무엇을 찾는데 있을 만한 곳을 다 찾아보았는데 결국에 없다는 것이다. 막(莫). 글자가 그렇다. 찾아보라.

'위(位)가 없음을 근심하지 말라. 그 위(位)에 있음으로 근심하라.' '아는 것이 없음을 근심하지 말라. 정녕 안다고 할 수 있는 것을 구하라.'

환(患)은 마음의 근심이다. 이것은 복잡한 근심이 아니다. 마음 깊은 곳에 무겁게 내려앉은 그런 근심이다. 나는 이미 나름 엄청나게 노력한 것이다. 나의 능력을 한탄하는 거의 자포자기의 그런 근심이다. 그런 자에게 이 자애로운 하느님이 건네는 충고이다.

里仁 15장

子曰 參乎 吾道一以貫之 曾子曰 唯 子出 門人問曰 何謂也 曾子曰
夫子之道 忠恕而已矣

子曰 參乎 '삼(參)이로구나.' '삼(參)이란 말인가?' 삼(參)은 증자(曾子)의
명(名)이다. 증자(曾子)는 학이편 하느님 말씀으로 이미 보았다. 이 말씀
에도 하느님 말씀으로 등장한다. 증자는 유가(儒家)의 적통(嫡統)이다.
증자(曾子) 자사(子思) 맹자(孟子)로 이어지는 나는 이름만 알지만 이들
이 유가(儒家)의 적통(嫡統)이다. '삼(參)이로구나.' 공자는 그를 이미 아
시는 듯싶다. 공자와 나이 차이 많다. 어린 제자이다.

吾道一以貫之 관(貫)은 꿸 관(貫). 이 글자는 관(觀)의 보급형(普及
形)이다. 관(觀)이 너무 어려우니까, 그러니까 너무 비싸니까, 이 자애롭
고 어진 하느님이 새로 개념을 맹근 글자가 관(貫)이다. 관(觀)에 비하면
빠르기도 아주 느리고 스케일도 아주 작다. 그래도 발가락이 닮았다 정
도의 의미는 있다. 안회는 죽었는가? 아직은. 그러나 죽음을 직감하고
있다. '나의 도(道)는 하나이다.' 결국에 하나이다. 以貫之. 수많은 시행
착오가 이 말씀에 이미 들어있다.

曾子曰 唯 "예." "그렇습니다." 도대체 이게 무슨 개 풀 뜯어 먹는 소리
인가? 내가 유(惟)라고 하였으면 그래도 이해는 한다. 그런데 유(唯)라고
하지 않았는가? '오직.' '다만.' 오버다. 오버하면 원(怨)이 다(多)하다고 이
미 보았다. 죄송하다. 이것이 불가(佛家)였으면 선생님들의 번역이 맞다.
비구(比丘)는 마땅히 세존(世尊)께 충(忠)하여야 한다. '오직 세존(世尊)

이시다!' 그러나 비구(比丘)는 다 죽었고 지금은 그냥 중이다. 놈 자가 붙지 않음을 고맙게 생각해라. 오버다. 죄송하다. 덤비지는 마라. 내가 진다. 쪽팔린다. 이젠 진짜 그만해야겠다. 그런데 비구(比丘)의 구(丘)가 공자의 구(丘)와 통하는가? 공자와 견주는 자가 비구(比丘)인가? 그렇다면 이름 지은 자가 참으로 졸렬하고 비겁하다. 오버다.

子出 門人問曰 공자는 출타(出他)하였다. 출(出)은 여기서 중요한 말씀이다. 관(貫). 이것은 그대들의 일이다. 공자가 죽은 다음 그대들의 일이다. '문인(門人)이 문(問)하여 왈(曰)하였다.'

何謂也 야(也)로 마쳤으면 야(也)로 번역을 한다. 문인들이 다 아는 척을 한 것이다. 공자님 말씀은 이러이러한 말씀이다. 아니다. 공자님 말씀은 저러저러한 말씀이다. 何謂也. 글자를 보면 그렇게 해석되지 않는가? 이것도 오버다. 그래도 조금만 더 인(忍) 하시라. 이제 금방 나도 출(出)한다. 미안하다. 이것도 오버다. 미안하다. 도무지 원(怨)은 피할 길이 없다.

曾子曰 夫子之道 忠恕而已矣 자(子)가 붙었으니 증자(曾子)는 하느님이다. 왜 그렇게 봐야 하는지 내가 설명할 수 없다. 할 필요도 없다. 나는 나의 능(能)에 대하여 비교적 성(省)에 능(能)하다. 그리고 나머지는 인(忍)이다. 나는 나의 무능(無能)을 뼈에 사무치게 통감한다. 그것이 나의 인(忍)이다. 인(忍)은 곧 분노이다. 나는 나의 분노를 인(忍)하기를 노력한다. 나는 노력하는 중이다. 부자(夫子). 공자는 부자(夫子)로 죽었다. 대부(大夫)가 될 수도 있는 씨앗이 부자(夫子)이다. 이것이 어린

증삼(曾參)의 말이었다면 매를 버는 것이다. 그러나 이것은 하느님의 말씀이다. 스케일이 다른 것이다. 위대한 신들의 사회에서 그렇다는 것이다. 내가 보기에 최고의 평가이다. 이(已)는 이미 이(已). "다 끝나거나 지난 일을 이를 때 쓰는 말. '벌써', '앞서'의 뜻을 나타낸다." 증삼(曾參)이 앞서 무슨 말을 한 것이다. 그 말을 두고 공자가 삼호(參乎) 하였고 문인(門人)이 하위야(何謂也) 하는 것이다. 그러나 문인들의 말이 증자의 그 말한 바와 같지 않음에 증자가 다시 하는 말이다. '충서(忠恕).' 내가 관(觀)을 해야 할지 관(貫)을 해야 할지 모르겠다. 관(觀)은 꿰뚫는 것이고 관(貫)은 꿰는 것이다. 꿰뚫어야 꿰지 않겠는가? 관(觀)은 아(我)의 사(事)이고 관(貫)은 오(吾)의 사(事)이다. 사(事)의 섬김은 같다. 하느님 말씀이니 역시 관(觀)을 해야 하겠다. 충(忠)은 오직 아(我)의 일이다. 충(忠)은 오(吾)의 일이 아니다. 서(恕). 이것은 오등(吾等)의 일이니 아(我)와 오(吾)가 같다. 충(忠)이 나왔으니 이것은 스님들이 잘 안다. 모른다면 그냥 중이다. 아는 척을 해도 그냥 중이다. 중들이 모여서 도대체 뭐 하는 짓인가? 제발 공부 좀 하시라. 미안하다. 성의 없는 글쓰기가. 내가 모르는 까닭이다. 내가 충(忠)은 알지만 서(恕)는 잘 모른다. 나는 아직 용서(容恕)하지 않았다. 은혜(恩惠)를 베풀 생각도 아직 없다. 내가 잘 모르는 것이기에 헛소리를 하는 것이다.

유(唯). '다만 나의 생각일 뿐이다.' 공자님의 평은 내가 받잡기 어렵다. 충(忠). 서(恕). 적어도 이것은 나눠서 봐야 한다. 충(忠)에 서(恕)는 없다. 충(忠)하면서 서(恕)한다면 그것은 개소리이다. 충(忠)은 충(忠)이고 서(恕)는 서(恕)다. 충(忠)이 곧 인(仁)이고, 서(恕)가 곧 인(仁)이다. 다만 그렇게 성(省)하시면 되겠다.

里仁 16장

子曰 君子喩於義 小人喩於利

유(喩) 깨우칠 유(喩). 한글로 '깨우치다' 하면 이것이 각(覺)인지 의
미 전달이 안 된다. '알아듣다.' "남의 말을 듣고 그 뜻을 알다." 그런 의
미이다.

'군자(君子)는 의(義)에서 알아듣고, 소인(小人)은 이(利)에서 알아듣
는다.'

군자가 의(義)를 말해도 소인은 이(利)에서 알아듣고, 소인이 이(利)를
말해도 군자는 의(義)에서 알아듣는다. 무슨 말인지 생각해 보시면 아
시겠다.

里仁 17장

子曰 見賢思齊焉 見不賢而內自省也

견(見)은 얼굴 마주보는 것이다. 마음에 닿는다는 것이다. 현(賢)을
견(見)하면 내가 과연 현(賢)을 견(見)할 수 있는 능(能)의 자인가 다시
한 번 사(思)를 제(齊)하라는 것이다. 불현(不賢)을 견(見)하면 뭐 눈엔
뭐만 보이는 것이라고 내 자신이 불현(不賢)이 아닌지 재차 성(省)하라
는 것이다. 말은 모르겠고 의미는 그렇다. 사(思)와 성(省)은 같은 줄기
이다.

里仁 18장

子曰 事父母幾諫 見志不從 又敬不違 勞而不怨

기(幾)는 기미(幾微). 낌새. 간(諫)은 간할 간(諫). "웃어른이나 임금에게 옳지 못하거나 잘못된 일을 고치도록 말하다." 부모를 사(事)함에 부모에 옳지 못함이 있으면 그 낌새만을 간(諫)하라는 것이다. 뼈 빠지게 고생해서 가르쳐 놨더니 네가 지금 부모를 가르치려 드느냐? 부모의 그 지(志)를 견(見)하여도 종(從)하지 말란다. 그런 법(法)이 어디 있는지 어디 한번 논(論)해 보자 부모가 따지자 하시어도 좇지 말란다. '또한 경(敬)하여 어기지 말라.' 그래도 지구는 돈다. 뭐 그런 의미겠다. 그것이 사(事)의 일이니 부모와 싸워서 이기면 안 된다. 나의 옳음을 부모가 위에서 내려다보게 해야지 아래에서 올려다보게 하여서는 안 된다. 그렇다고 부모의 옳지 않음에 내가 눈높이를 맞출 수는 없지 않겠는가? 그것이 경(敬)의 일인 까닭이다. 까닭에 여전히 부모의 잘못을 내려다보며 제발 좀 내 위에 오르시라 간(諫)하기를 그치지 말아야 한다. 물론 기미(幾微). 낌새. 그러면 이것은 노(勞)이다. 노동(勞動)과 같다. 힘든 일이다. 그것이 옳던 그르던 그냥 부모님 뜻대로 편안하게 건강하게 오래오래 사시라? 이것은 전에 보지 않았는가? 위정7장 子游問孝 자유(子游)님을 통해서 보았다. 경(敬)이 아니라면 개와 말과 무엇으로 별(別)하겠는가. 부모의 옳지 못함이 있으면 그것을 고쳐드려야 함이 경(敬)이다. 그 노(勞)가 효(孝)이다. 따지자면 부모를 가르치는 것이 효(孝)이다. 그것이 사람과 개와 말과 별(別)하는 것이다. 부모를 가르치려면 어찌 해야 되겠는가? 당연히 공부 많이 해야 한다. 어떤 공부? 그런 공부는 또 8장 子夏問孝 자하(子夏)님을 통해 보지 않았는가? 입신양명(立身揚

名)? 그것이 효(孝)인가? 아무튼 성(省)을 좀 오래 하시라. 효(孝)와 교(敎)는 거의 같은 글자이다. 부모는 자식을 교(敎)하고 자식은 부모를 효(孝)한다. 이것은 같은 줄기의 같은 글자이다. 회초리의 복(攵)이 있느냐 없느냐의 차이이지 같은 글자이다. 부모가 자식을 바르게 가르치는 것도 노(勞)이고 자식이 부모를 옳게 가르치는 것도 노(勞)이다. 따지자면 회초리 없이 가르치는 것이 더 힘든 것이다. 오늘날은 부모가 자식에게 효(孝)를 한다. 내가 너에게 효(孝)를 한 것 같이 너도 네 자식에게 효(孝)를 하라. 그만 봐야겠다. 좋은 소리 안 나온다. 그렇게 따지자면 인간들이 결코 개와 말을 이길 수 없을 것이다.

里仁 19장
子曰 父母在 不遠遊 遊必有方

父母在 '부모가 살아 계시다.' 재(在)는 그 있음이 사이언스이다.

不遠遊 이게 무슨 말인지 아시는가? 불원(不遠) 먼 것이 아니라는 얘기이다. 사(事)의 일이 없어 유(遊)하게 될 날이. 유(遊)는 놀 유(遊).

遊必有方 방(方)은 사후약방문(死後藥方文)의 그 방(方)이다. 필(必)을 썼다. 내가 보기에 이 하느님이 오래 못 산다. 이 하느님은 인간에게 신(信)을 쓰고 나는 의(義)를 쓴다. 나의 하느님이 예전에는 내게 교(敎)를 하였는데 요새는 효(孝)를 한다. 그러면서 나보고 신(信)을 쓰란다. 그러면 내 돈을 털어먹지 말았어야지 이 미친 신아. 그래서 그냥 노력한다고는 했다. 장담은 못 한다. 당신이 죽을 지도 모른다. 必有方. 답답

하다. 내 얘기는 다 내가 지어낸 얘기이다. 아무튼 살아 계심에 사(事)하지 않으면 돌아가심에 반드시 후회하게 될 것이라는 그런 말씀이다.

학이11장에서 보았다. 父在 觀其志 父沒 觀其行 三年無改於父之道 可謂孝矣. 살아 계실 때 고침이 없게 사(事)하시라.

里仁 20장
子曰 三年無改於父之道 可謂孝矣

뭐야. 또 나오네? 내가 한 치 앞을 못 본다. 부끄럽군. 방(方)이 없게 하려면 필(必) 교(敎)를 하시어야 한다. 그런데 당신들은 그냥 효(孝)를 하시라. 내가 공연히 원(怨)을 생으로 듣겠는가? 내가 원(怨)을 걱정하는 것은 나중의 일이다. 부디 효(孝)하시라. 자식에게 말고 부모에게.

里仁 21장
子曰 父母之年 不可不知也 一則以喜 一則以懼

년(年)은 부모가 태어난 해가 아니라 돌아가시는 해이다. '부모가 돌아가시는 해는 모를 수가 없다.' 오버다. '부모가 돌아가시는 해는 알지 못해서는 안 된다.'

'한 해가 지나가는 즉 기쁘고, 한 해가 시작하는 즉 두렵다.'

里仁 22장

子曰 古者言之不出 恥躬之不逮也

　고(古)는 선왕지도(先王之道)의 요순(堯舜)시대이다. 말씀 그대로 언(言)이 출(出)하지 않는다. 제아무리 문헌(文獻)을 뒤져보아도 언(言)을 모른다. 알기는 알겠는데 아는 척 할 수가 없다. 그 괴리감에 대하여 내가 말하지 않았는가? 나는 지금도 많이 느낀다. 내가 아는 척 할 수 없는 것은 내가 모르는 것으로 해야 한다. 공연히 아는 척 했다간 화(禍)를 부른다. 원(怨)을 산다. 내가 지금 그렇다. 내가 지금 잘 알지도 못하면서 아는 척 하는 것이 많다. 내가 의(義)를 말하지만 그것은 다 신(信)을 써야 하는 것이다. 내가 당신들을 속이는 것이다. 내가 얼마간은 속일 수 있다. 당신들도 모르니까. 그러나 당신들이 그 초(初)를 이룰 때 나는 원망을 듣게 돼 있다. 나 역시도 알아가는 것이지만 당신들이 초(初)를 이룰 때 나는 종(終)을 마치지 않을 것이다. 나는 인간들을 믿지 않는다. 당신들은 인(忍)하기 어려울 것이다. 이것은 내 경험으로 안다. 물론 그것이 전부라면 내가 미쳤다고 지금 이러겠는가? 인(忍)하는 자가 있기는 있다. 나는 다만 노력하는 것이다. 제발 나를 원망하지 마라. 물론 이미 상관없다. '너나 잘 하세요.' 내가 이 소리를 듣게 돼 있다. 쪽팔린다. 그러기에 나는 다 죽여 버리자고 했다. 그랬더니 나를 죽이려고 한다. 이 미친 신이. 아무튼 다 내가 지어낸 얘기이다. 지어낸 얘기야 당신들이 내게 따져도 나는 모르는 일이다. 나는 그렇게 인(忍)하기로 했다. 古人恥躬之不逮也. 이게 지금 내가 한 얘기인데? 다 죽여 버렸다니깐? 쪽팔리기 싫어서. 다 죽여 버렸다. 그 하느님이. 그래서 없는 것이다. 언(言)이. 솔직히 내가 신(信)을 쓰자면 아는 척을 아주 잘 한다. 그래도 안 쓴다. 노력한다. 그러자면 이 미친 하느님을 경배해야 하는데 내가 그렇게는 못 한다. 미안하다.

里仁 23장
子曰 以約失之者 鮮矣

'약(約)으로써 도(道)를 잃는 자(者)는 명백하게 없다.'

도(道)는 내가 넣었다. 도(道)는 길이다. 약(約)은 약속(約束). 실(失)은 실족(失足). 이것은 공자의 가(家)에서 할 수 있는 말이 아니다. 미쳤는가? 진짜로 죽고 싶은 게냐? 오히려 내가 미치겠다. 도대체 왜 이런가? 종(終)은 내가 먼저 쳤다. 당신이 이겼다. 다만 나는 노력할 뿐이다. 장담은 못 한다. 나는 파괴자이다. 당신이 죽을 지도 모른다.

里仁 24장
子曰 君子欲訥於言 而敏於行

君子欲訥於言 다만 욕(欲)하는 것이다. 욕(欲)은 소망. 욕(慾)은 욕심. '군자(君子)는 언(言)에 어눌하기를 소망한다.' 눌(訥)은 말 더듬을 눌(訥). 소망은 소망일 뿐 현실은 다르다. 현실이 다른 까닭에 소망하는 것이다. 내가 할 말이 얼마나 많은지 아는가? 줄이고 줄여서 나름 어눌하게 하는 것이다. 물론 하지 않은 많은 말들은 다 욕이다. 내가 욕을 하면 오래 못 산다. 예수를 보라. 독사의 자식이라니. 내가 이런 심한 욕은 안 한다. 그냥 어리석고 미련한 인간들. 이게 다다. 눌(訥)이야 내가

굳이 욕(欲)하지 않아도 현실이 그렇다. 지금은 모르고 다음에 다시 봐야겠다.

而敏於行 민(敏)을 보지 않았나? 학이14장 敏於事而慎於言. 민(敏)은 영민(英敏)이다. 머리가 재빠르게 돌아가는 것이다. 단순히 빠른 것이 아니라 재빠른 것이다. 내가 알기는 잘 안다. 그러나 나의 현실은 敏於言 而訥於行 나의 현실은 이렇다. 그런데 이 군자(君子)는 인(忍)하지 않는가? 아니면 다른 인(仁)을 쓰는가? 나도 신(信)을 쓰면 그럴 수 있다. 그런데 나는 안 한다. 못 한다. 이것은 당신들의 일이다. 학이14장의 민(敏)은 천(天)을 사(事)함의 민(敏)이고, 여기 민(敏)은 민(民)을 사(事)함의 민(敏)이다. 민(敏)과 행(行)을 그렇게 따지면 되겠다. 민(民)을 사(事)함에 언(言)은 아무리 신(慎)한들 눌(訥)만 못하다.

里仁 25장
子曰 德不孤 必有隣

개소리.

마지막 장도 아닌데 개소리를 하시네? 德孤 必隣. 알기는 이렇게 알아야 한다. '덕(德)은 고독(孤獨)한 것이다.' '반드시 이웃을 만들어라.' 필(必)이 나왔으니 오래 못 산다. 죽을 각오로 이웃을 만들라. 그런 말씀이다. 내가 지금 거의 그렇다. '덕(德)은 고(孤)가 아니다.' '반드시 이웃이 있는 것이다.' 지금은 없다. 만들어야 한다.

선생들의 번역은 버려라. 쓰레기이다.

公冶長

公冶長 1장

子謂公冶長 可妻也 雖在縲絏之中 非其罪也 以其子妻之 子謂南容
邦有道 不廢 邦無道 免於刑戮 以其兄之子妻之

子謂公冶長 이름이 공야장(公冶長)이 아니라 야장(冶長)이 아닌가?
야장(冶長)도 이름이 아니라 직함. 야(冶)는 풀무 야(冶). 대장장이. 공
(公)의 대장장이의 장(長). 나라의 대장간의 장. 알지도 못하는 것을 아
는 척 하기가 그리 쉬운 줄 아는가? 성(姓)이 공야(公冶)이고 이름이 장
(長)이란다. 그런데 공야장(公冶長)이라는 인물에 대해서 아무 것도 모
른단다. 그럼 성(姓)은 어찌 알았는가? 논어 보고 알았는가? 내가 언(言)
에는 민(敏)하다. 언(言)에 눌(訥)하라 하였는데 지금은 아니고 나중엔
그렇다.

可妻也 '사위 삼을 만하다.' 선생님들 번역 보고 안다. 버리라는 말 취
소다. 쪽팔린다. 선생님들 번역 없으면 나는 논어 못 본다. 말이 그렇다
는 것이지 선생님들도 나름 열심히 공부 하신 것이다. 감사하게 생각한
다. 처(妻)는 아내 처(妻). 선생님들 번역 없으면 나는 공자가 새장가 가
는 줄 안다.

雖在縲絏之中 非其罪也 비록 수(雖). 유(縲)는 포승 유(縲). 설(絏)은 맬 설(絏). '비록 옥중(獄中)에 있으나 그 죄가 아니다.' 事君數 斯辱矣. 내가 이인26장은 지웠다. 내가 이런 잔소리까지 들어야 할 처지가 아니다. 또 이미 25장에서 잔소리 들었다. 또 다 자왈(子曰)인데 혼자만 자유왈(子游曰)이다. 폼에 안 맞다. 나의 논어에는 이인26장은 없다. 공야장(公冶長)은 그냥 보너스이다. '임금을 섬김에 수(數)를 썼다. 이것이 그 욕(辱)이다.' 수(數)는 운수(運數). 요행(徼幸). 임금을 섬김에 요행을 바랐다는 것이다. 임금을 섬김에 형벌이 아니라 은혜를 바랐다는 것이다. 내가 말하지 않았는가? 부모를 섬길 때 윗자리에서 가르치면 안 된다고. 아무리 옳다 하여도 그것이 욕(辱)으로 돌아온다면 그것은 피할 수가 없다. 부모가 화를 내면 같이 싸우겠는가? 나는 싸운다. 왜냐하면 나의 부모는 나와 싸워서 이긴 적이 단 한 번도 없다. 어려서부터. 내가 그 지(志)를 관(觀)하니까. 물론 낌새만. 싸우는 척만. 그러나 임금은 다르다. 부모는 친(親)이지만 임금은 남이다. 아무리 임금을 사랑하기로 친(親)이 아닌 남인 것이다. 부모를 섬기 듯 임금을 섬기면 안 된다. 그러면 욕(辱)을 피할 길이 없다. 공야장(公冶長)이 임금을 섬김에 아마도 그런 듯싶다. 군신유의(君臣有義). 군신(君臣)은 의(義)의 관계이지 신(信)의 관계가 아니다. 임금은 붕우(朋友)가 아니다. 임금이 붕(朋)의 동지(同志)인가? 어진 임금은 그렇지만 보통은 아니다. 어진 임금이라 할지라도 그것은 임금의 일이지 신하의 일이 아니다. 공야장(公冶長)의 죄가 그런 것이다.

以其子妻之 그 아들로서 아내를 삼았다. 선생님들 아니면 내가 필시 욕을 당한다. 감사하게 생각한다. '그 딸자식으로서 사위를 삼았다.' 그 딸자식을 시집보냈다. 자(子)가 남자(男子) 여자(女子) 가리는 자(子)가

아니다.

子謂南容 '공자께서 남용(南容)을 평(評)하였다.' 공자가 남용을 보증(保證)하였다. 공자가 남용을 신(信)하였다. 거의 같은 의미이다. 보증 잘못하면 욕(辱)으로 돌아온다. 평(評)도 그렇다. "좋고 나쁨, 잘하고 못함, 옳고 그름 따위를 평가하다."

邦有道 不廢 邦無道 免於刑戮 폐(廢)는 폐할 폐(廢). 육(戮)은 죽일 육(戮). '나라에 도(道)가 있으면 버려지지는 않겠고, 나라에 도(道)가 없어도 죽음은 면하겠다.' 내가 보기에 그렇게 좋은 평은 아니다. 면(免)은 면할 면(免). 나라에 도(道)가 없다는 것과 죽음은 면하겠다는 것과 무슨 상관이겠는가? 그만한 인물은 아니다. 나라에 도(道)가 없다고 도(道)를 세우려 목숨을 바칠 만한 그 정도의 인물은 아니다. 그래도 못난 인간은 아니니 나라에 도(道)가 있다면 쓸모없지는 않겠다. 그러니까 평범하다. 보통 사람이다. 지워버린 이인26장의 나머지를 보자. 朋友數 斯疏矣. '붕우(朋友)에 수(數)를 썼다. 이것이 그 소통(疏通)이다.' 수(數)는 운수(運數). 요행(徼幸). 소(疏)와 소통(疏通)의 소(疏)는 글자가 좀 다르지 않는가? 소(疏)는 인맥 관리의 소통. 소(疏)는 그냥 소통(疏通). 글자가 그렇다. 내가 남용(南容)이라는 인물에 대해 전혀 모르지만 인간관계가 좋은 것이다. 임금의 성이 바뀐다 할지라도 죽지는 않는다. 여전히 잘 먹고 잘 산다.

以其兄之子妻之 '그 형(兄)의 딸을 시집보냈다.' 그 형은 공자의 이복형이다.

공야장도 액땜을 하였으니 죽지는 않겠다. 대장장이는 나라에 최고의 기술인 것이다. 굶어 죽을 일이 없다. 역시 딸자식은 안전빵이 최고인 것이다. 사랑하는 딸자식을 과부 만들 일이 있겠는가? 공자의 시대가 그런 것이다.

公冶長 2장

子謂子賤 君子哉若人 魯無君子者 斯焉取斯

子謂子賤 '공자가 공자를 평하였다. 나는 천(賤)한 인간이다.'

君子哉若人 '남들은 나를 군자(君子)라고 하지만.'

魯無君子者 '노나라에 군자(君子)라는 자는 없다.'

斯焉取斯 '이것이 어찌 이것을 취(取)하겠는가?'

군자(君子)는 군(君)이 될 씨앗이다. 군(君)은 임금이다. 공자는 임금이 될 씨앗이다. 공자가 왜 쫓겨났는지 알 수 있지 않겠는가? 왜 도망해야 했는지. 공자는 살자고 도망한 것이다. 공자가 천(賤)한 인간이라는 공자의 자평에 나는 동의한다. 나는 공자가 누군지도 몰랐다. 위대한 신들의 사회에서 공자 정도야 그야말로 길에 널렸다.

公冶長 3장

子貢問曰 賜也何如 子曰 女器也 曰 何器也 曰 瑚璉也

자공(子貢)이 물었다. 사(賜)는 자공의 명(名)이다. '공자님이 천(賤)하
다 하시면 사야(賜也)는 어떠합니까?' 공자가 말하였다. '너는 계집아이
그릇이다.' 그것이 어떤 그릇인가요? 공자가 말하였다. '그냥 어떤 그릇이
다.' 그러니까 그게 어떤 그릇이냐고요? 공자가 말하였다. '아주 예쁘고
소중한 그릇이란다.'

호련(瑚璉)이 무슨 제기(祭器)라는데 나는 잘 모르고 선생님들이 아
신다. "중국 하(夏)나라와 은(殷)나라 때에, 서직(黍稷)을 담던 제기(祭
器). 은나라는 호(瑚)를, 하나라는 연(璉)을 사용하였다." 네이버 국어사
전이다.

公冶長 4장
或曰 雍也仁而不佞 子曰 焉用佞 禦人以口給 屢憎於人 不知其仁 焉
用佞

或曰 혹(或)은 계씨(季氏)이다. '계씨가 말하였다.'

雍也仁而不佞 옹(雍)은 자(字)가 중궁(仲弓)이라는데 나는 모르는 분
이다. '옹야(雍也)는 인(仁)하기는 한데 영(佞)하지가 않다.' 영(佞)은 아첨
할 영(佞). 아첨도 참 가지가지인가 보다. 이것이 첨(諂)이 아니니 또 글
자를 찾아봐야 한다. 어찌어찌 찾아보니 이것은 립서비스. "말을 그럴듯
하게 해서 상대방이 공감하기 좋도록 하는 것을 말합니다." 네이버 오픈
사전.

子曰 焉用佞 용(用)은 등용(登用). '어찌 영(佞)을 용(用)하는가?' 하여
튼 공자가 예(禮)를 모르는 것이다. 립서비스는 정치인(政治人)의 아주
기본적인 예(禮)이다. 하여튼 말이 통하지 않는다. 나도 답답하다. 공자
가 말만 천(賤)하다 한 것이지 이것이 천(賤)한 행동이 아닌 것이다. 역
시 공자는 나보다 하수이다. 나는 언과 행이 일치하여 천(賤)하다. 언행
일치(言行一致). 쪽팔린다. 그래도 어쩔 수 없다.

禦人以口給 屢憎於人 어(禦)는 막을 어(禦), 방어(防禦). 급(給)은 줄
급(給), 공급(供給). 누(屢)는 여러 누(屢), 누차(屢次). 증(憎)은 미울 증
(憎), 가증(可憎). '입이 공급함으로써 남을 방어한다.' 누차(屢次)가 "여
러 차례"인데 이것은 달갑지 않은 여러 차례이다. 그러니까 누(屢)는 달
갑지 않은 여럿. '남들에게 자꾸 미움을 산다.' 입에 발린 소리로 남의 입
을 막아서 달갑지 않은데도 한 소리 또 하고 또 하고 해서 남들에게 미
움을 받는다. 미움은 가증스러움에 대한 미움. 아무튼 의미는 그렇다.
직접 찾아보시라. 공자가 천(賤)해서 상류사회(上流社會)의 사교(社交)
에 대해서 잘 몰라서 하는 소리이다. 이것은 계씨도 이해한다.

不知其仁 '그 인(仁)은 알지 못 한다.' 기(其)를 왜 선생들은 옹(雍)으
로 받는가? 혹(或)으로 받아야지? 참으로 답답하다. 계씨가 옹(雍)에 대
하여 인(仁)과 영(佞)을 왈 하지 않았는가? 공자가 영(佞)은 따졌고 인
(仁)은 내가 못 따진다. 안 따진다. 네가 말하는 인(仁)이 뭔 소리인지
내가 따질 가치를 못 느낀다. 아무튼 이렇게 봐야 한다.

焉用佞 공자는 지금 제자들 취직자리 알아보는 중인 것이다. '어찌 제

잇속만 챙기는 약은 놈을 용(用)하겠는가?' 혹 중궁(仲弓)이 계씨의 가(家)에 취직했는가? 내가 보기엔 했을 것 같다. 계씨가 바보가 아니다. 이미 백 년을 넘게 왕(王)의 권력을 공(共)한 가문이다. 따지자면 공자도 입에 발린 소리를 하는 것이다. 인(仁)을 안 따졌다. 만약 따졌다면 중궁은 취직 못 한다. 다시 말하지만 가(家)는 대부의 나라이다. 가신(家臣)은 공무원이다.

公冶長 5장

子使漆雕開仕 對曰 吾斯之未能信 子說

子使漆雕開仕 칠조개(漆雕開)는 공자의 제자이다. 나는 이름만 안다. '공자가 칠조개(漆雕開)에게 벼슬을 사(使)하였다.' 사(使)는 시키는 것이다. 한글도 어렵다. 이것은 공자가 칠조개(漆雕開)에게 임명(任命)을 한 것이다. 사(使)는 그렇게 봐야 한다. 아마도 공자가 대사구(大司寇)의 벼슬을 하고 있을 때일 듯싶다. 대사구가 지금의 법무부장관쯤 된다는데 나는 잘 모른다.

對曰 대(對)는 대할 대(對). 대면(對面). 면(面)은 낯 면(面). 그럼 이것이 견(見)이 아닌가? 내가 보기에 거의 그렇다. 왈(曰). '칠조개(漆雕開)가 공자의 면전(面前)에서 말했다.'

吾斯之未能信 '나는 이것이, 그러니까 벼슬이, 벼슬을 하는 것이, 나는 아직 나의 신(信)에 능(能)하지 못하다.' 이게 뭔 소린가? 한글도 어렵다. 물론 나의 부족이다. 신(信)은 신념(信念). "굳게 믿는 마음." 이건 그

냥 하기 싫다는 소리다. 나의 종교관에 위배된다는 소리다. 벼슬을 하는 것이. 하여튼 공자도 불쌍하다. 왜 그것을 또 면전에서야 알았는가? 칠조개(漆雕開)는 불가(佛家)에 갔어야 했다. 아직 갈 수는 없으니 불가(佛家)에서 태어났어야 했다. 불가는 신(信)을 쓰지 않는다. 불가는 신(信)을 쓰지 않는 것이 신(信)이다. 따지자면 나랑 잘 맞다. 그런데 나는 예수를 버리면 안 된다. 그래서 나는 안 갔다. 내가 비밀을 얘기할까? 세존은 죽은 권력이고 예수는 이제 막 떠오르는 새로운 권력이다. 내가 아무리 세존을 위대하다 하기로 내가 송장을 좇을 만큼 바보가 아니다. 나는 영악하고 간사하다. 비밀이지만 얘기해 준다. 비밀인데 어찌 얘기하냐? 내 맘이다. 내가 그 비밀의 결정권자이다. 이미 말씀을 보지 않았는가? 無適也 無莫也. 어차피 내가 지어낸 얘기니까. 내 맘대로 한다. 미안하다. 재미가 없다.

子說 기쁘다가 또 나왔네. 기쁘다는 없고 오히려 슬프다. 이 설(說)의 자를 한자사전 찾아보면 벗을 탈(說)이라고 읽는 법도 있다고 한다. 나도 사전 보고 아는 것이다. "벗다 (탈) 놓아주다 (탈) 빼앗기다 (탈) 제거하다(除去--) (탈) 용서하다(容恕--) (탈)" 내가 찾아보진 않았지만, 말씀 설(說)이 어찌 벗을 탈(說)로도 읽히는지 내가 만들 수도 있다. 없으면 만들면 된다. 술이부작(述而不作). 만약 공자가 작(作)하였다면 안회가 죽지 않았을 것이다. 그만해야 한다.

公冶長 6장
子曰 道不行 乘桴浮于海 從我者 其由與 子路聞之喜 子曰 由也好勇過我 無所取材

子曰 道不行 '도(道)는 행(行)이 아니다.' 도(道)는 길이다. 행(行)은 동(動)이다. 길이 동(動)하는가? 길이 움직이나? 왜 길이 움직이나? 길은 움직여서는 안 된다. "내가 곧 길이요 진리요 생명이다." 예수는 시험 받았다. 네가 과연 움직이지 않는지. 결과는 비밀이다.

乘桴浮于海 '바다에 떠다니는 마룻대에 올라타는 것과 같다.' 도(道)가 움직인다면. 승(乘)은 탈 승(乘). 부(桴)는 마룻대 부(桴). "용마루 밑에 서까래가 걸리게 된 도리." 부(浮)는 뜰 부(浮). 예수는 실패했다. 예수는 이해하지 못했다. 내가 뭘 잘못했는가? 잘못한 거 없다. 그대는 잘했다. 아주 잘 했다. 다만 그대는 실패했다.

從我者 其由與 종(從)은 좇을 종(從). 혹 '좇다'와 '쫓다'를 모르는 자가 있는가? 미안하다. 모를 수도 있다. 내가 그랬다. '선생을 좇다. 도둑을 쫓다.' 도둑은 잡지만 선생은 못 잡는다. 말이 그렇다. 잡았다면 그는 이미 선생이 아니다. 아(我)는 배타적인 아(我)이다. '따르지 마라.' '좇지 마라.' 아(我)에는 그런 의미가 있다. 그래도 좇는다는 것이다. 누가? 자로(子路)가. 유(由)는 자로의 명(名)이다. 공자는 지금 죽으러 가는 것이다. 그런데도 자로가 좇는다는 것이다. 자로도 죽을 줄을 안다. 그래도 좇는다는 것이다. 그런데 자로가 모르는 게 있다. 공자가 죽는다면 그것은 죽을 때가 돼서 죽는 것이다. 공자에게는 죽는 게 그냥 마땅한 당연한 그런 것이다. 그러나 자로는 모른다. 선생이 죽으니 그냥 따라 죽는 것이다.

子路聞之喜 자로(子路)가 말귀를 알아들었다. 문(聞)하였지 않는가. 문(問)하여 들은 것이다. 희(喜). 기쁠 희(喜). 희열(喜悅). "기쁨과 즐거

움. 또는 기뻐하고 즐거워함." 선생이 나를 알아주는구나. 기쁘다. 마땅히 나는 죽을 수 있다. 선생이 가는 곳이라면 불구덩이라도. 나는 기쁘게 좇을 수 있다. 이것은 희열(喜悅)이고 환희(歡喜)이다. 기쁘게 죽는 것이다. 그런데 기쁨은 여기까지이다. 공자가 종(終)을 쳤다.

子曰 由也好勇過我 無所取材 유야(由也). 야(也)가 붙었으니 야(也)로 번역해야 한다. '자로(子路)이다.' 공자가 자로를 평(評)하는 것이다. 평(評)은 위(謂)와 거의 같다. 보증하는 것이다. 신(信)을 쓰는 것이다. 의(義)로 따지자면 도박하는 것이다. 신(信)으로 따지자면 투자하는 것이다. 평(評)을 하는 것은 내 돈이지만 나중에는 내 돈이 아닐 수도 있다. 물론 돈이 더 불어날 수도 있다. 그것이 신(信)이다. 당연히 신(信)을 쓰는 자는 돈이 불어날 것으로 알고 투자한다. 내가 조언하건대 함부로 투자하지 마라. 내 꼴이 그 꼴이다. 잘못 투자하면 쪽박 찬다. 나는 예수에 투자하였다. 과연 네가 네 아비와 같다면 그러하리라. 내가 정말 그럴 줄은 몰랐다. 지금 뭐하는 짓인가? 솔직히 고백한다. 내가 예수를 아비를 잘 몰랐다. 내가 예수의 아비가 그런 줄은 몰랐다. 어떤 줄? 보면 모르나? 봐도 모른다. 나와 나의 위대한 신들은 고생을 많이 했다. 그 변을 치우느라. 그런 식으로 돈을 쓰면 망한다니까? 망하지 않을 수가 없다. 이것이 예수의 아비가 내 돈을 털어먹기로 작정을 한 것이다. 그러지 않고서야 그럴 수가 없다. 도(道)가 움직이는 것인가? "사랑은 움직이는 것이다." 예전의 광고에 나온 말이 있다. 한때 유행하였다. 나는 처음 듣고 미친놈들이라고 했다. 상놈들. 그런데 자꾸 듣다 보니 그럴 수도 있겠다고 나의 도(道)가 좀 움직였다. 쪽팔리는 얘기이다. 그러나 이것은 위험한 것이다. 도(道)는 움직이지 말아야 한다. 움직여서는 안 된다.

고불고불 옛 길을 터널을 뚫어 곧게 빠르게 하였는데 그것이 무슨 문제인가? 하여튼 쪽팔리는 얘기이다. 그래서 지금 내가 이 꼴이라 말하지 않는가. 나는 다만 그 나그네의 그 풍경과 그 들리는 새소리를 그리워하면서 이 글을 쓰는 것이다. '유(由)가 용(勇)를 자랑하는 것은 아(我)보다 낫다.' '그렇지만 쓸데가 없는 것이다.' 공자도 이미 오래 살기로 작심을 한 것이다. 안 죽는다. 길은 움직여서는 안 된다. 그것이 나와 공자의 지론이다. 도(道)가 움직인다면 그는 반드시 죽는다. 반드시 죽인다. 예수는 죽었다. 예수의 부활은 우연이다. 그를 믿지 마라. 물 타기는 한 번 뿐이다. 다시 실패하면 그땐 손절한다.

公冶長 7장

孟武伯問 子路仁乎 子曰 不知也 又問 子曰 由也 千乘之國 可使治其賦也 不知其仁也 求也何如 子曰 求也 千室之邑 百乘之家 可使爲之宰也 不知其仁也 赤也何如 子曰 赤也 束帶立於朝 可使與賓客言也 不知其仁也

孟武伯問 子路仁乎 '맹무백(孟武伯)이 물었다. 자로(子路)는 인(仁)한가?' 맹무백은 위정6장에서 보았다. 孟武伯問孝. 내가 보기엔 착하다. 다만 그 인(仁)은 모르겠다.

子曰 不知也 '모른다.' 인(仁)은 안 따진다. 인(仁)을 따지면 제자들 취직 못 시킨다.

又問 '또 물었다.' 왜 자꾸 묻는가? 사람 곤란하게. 자로는 용(勇)한가? 이

렇게 물어라. 물론 맹무백은 이미 자로가 용(勇)한 줄을 안다. 제발 본인이 아는 것으로 문(問)하라. 아는 척 하는 것으로 문(問)하지 말고. 아는 척 하는 것은 그냥 모르는 것과 같다. 모르는 것은 구(求)하는 것이다. 묻는 자세가 전혀 다른 것이다. 공자가 말을 돌렸다.

子曰 由也 千乘之國 可使治其賦也 不知其仁也 '자로를 만약 천승지국에서 등용한다면 그 나라의 세금관리를 책임지게 할 수 있다.' 이것이 바로 자로의 용(勇)이다. 자로의 용(勇)은 곧 직(直)이다. 자로가 결코 세금을 떼먹지 않는다. 누군가 세금 떼먹는 것을 결코 용납하지 않는다. 그것이 바로 자로의 용(勇)이다. 그 외의 용(勇)은 쓸데가 없다. 자로를 장수(將帥)를 시키나? 그 부하들이 오래 못 산다. 전쟁을 하면 금방 다 죽는다. 자로는 물러설 줄을 모른다. 굽을 줄을 모른다. 자로의 용(勇)이 바로 그러한 직(直)인 까닭이다. '그 인(仁)은 내가 알지 못한다.' 공자는 굽혀야 할 때에 굽힐 줄을 안다. 쪽팔리지만 할 수 없다. 오래 살자면 할 수 없다.

求也何如 '구야(求也)는 어떠한가?' 이제야 말귀를 좀 알아들었다. 야(也)로 묻지 않는가. 아는 것을 묻는 것이다. 물론 공자가 앞서 유야(由也)로 먼저 말을 꺼낸 것이다. 이렇게 좀 물어라. 맹부백이 착하다. 말귀는 알아듣는 것이다.

子曰 求也 맹무백이 말하는 구야(求也)를 그대로 받는 것이다. 그런데 구(求)는 누구인가? 팔일6장에서 본 염유(冉有)라고 한다. 자(字)가 자유(子有). 염유(冉有) 염자(冉子)? 이게 뭔 소리인가? "춘추(春秋) 말기

공자(孔子)의 제자로 주문왕(周文王)의 열 번째 아들 염계재(冉季載)의 후예이다." 짜증난다. 내가 염유(冉有)를 잘 못 보았다. 이놈도 근본을 따지자면 왕족이라 주장 하는 놈이로다. 짜증난다. 다시 보자. 季氏旅於泰山 子謂冉有曰. 여기서 염(冉)은 성(姓)이고. 명(名)은 구(求)이다. 그럼 유(有)는 무엇인가? 유(有)가 자(字)인 자유(子有)의 유(有)인가? 그런 법은 없다. 성(姓)인 염(冉)과 자(字)인 자유(子有)를 붙여 부르는 법은 없다. 있다면 상놈들에게나 있는 법이지 예(禮)의 법에는 없다. 있다면 가문에 똥칠을 하는 것이다. 선생이 제자의 명(名)이 아니라 성(姓)을 부른 그 자체가 이미 심상치 않은 것이다. 이제 염구의 얼굴을 좀 알 듯싶다. 왜 공자가 염구를 그 후로 사람 취급을 안 했는지. 좀 과하다 싶었는데 이제는 좀 알 것 같다.

子曰 求也 千室之邑 百乘之家 可使爲之宰也 不知其仁也 천실지읍(千室之邑) 백승지가(百乘之家) 아주 큰 대부(大夫)의 가(家)이다. 백승(百乘)은 제후와 대부의 경계이다. 대부가 백승을 넘어서는 안 된다. 굳이 천실지읍(千室之邑)이라 강조한 것은 영지(領地)가 큰 대부라는 것이다. 적어도 인구가 만 명은 넘는다. 큰 대부의 가(家)에서 재상을 시킬 만하다. '인(仁)은 따지지 않는다.' 왜? 말이 같지 않은 까닭이다. 이 인간들이 말하는 인(仁)이라는 것은 결국에 고분고분 말을 잘 듣느냐 그것이다. 따질 것이 없다.

赤也何如 '적야(赤也)는 어떠한가?' 나는 모른다.

子曰 赤也 束帶立於朝 可使與賓客言也 不知其仁也 "赤(적)은 띠를

매고 朝廷(조정)에 나가서 賓客(빈객)들을 應待(응대)케 할 수는 있으려니와, 그가 仁者(인자)인지는 모르겠군요." "적은 대례복을 성대히 차려 입고 조정에 서서, 외국사신들을 응대하여 말을 나누게 할 만하지만, 그가 인한지는 모르겠습니다." 선생님들이 아신다. 나는 진짜 모른다.

公冶長 8장
子謂子貢曰 女與回也孰愈 對曰 賜也何敢望回 回也聞一以知十 賜也聞一以知二 子曰 弗如也 吾與女弗如也

子謂子貢曰 "孔子(공자)께서 子貢(자공)에게 말씀하셨다." "공자께서 자공에게 일러 말씀하시었다." 아닌데? '공자가 자공을 평(評)하여 말하였다.' '공자가 자공을 일컬어 말하였다.' 위(謂)가 자공에게 붙어야지 어찌 공자에게 붙겠는가? 아닌가? 하여튼 나는 잘 모른다. 선생님들이 잘 아신다.

曰 女與回也孰愈 '계집아이와 회야(回也)는 누가 더 나은가요?' 이것이 자공의 왈(曰)이 아닌가? 공자가 아니라. 자공이 물은 것이 아닌가? 이 여(女)를 3장에서 보았다. 子曰 女器也. 자공이 꽁한 것이다. 너무 귀엽다 하면 버릇 나빠진다. 자공이 공자를 친(親)한 척 하는 것이다.

對曰 대(對)가 그냥 대(對)가 아니다. 공자가 정색(正色)을 한 것이다. 자공의 다정다감한 웃는 얼굴에. 자공은 그냥 친(親)한 척 한 것인데. 공자는 웃지 않았다.

賜也何敢望回 '사야(賜也)가 어찌 언감생심(焉敢生心) 회(回)를 바라는가?'

回也聞一以知十 賜也聞一以知二 '회야(回也)는 일(一)을 문(聞)하면 지(知)로써 십(十)이고, 사야(賜也)는 일(一)을 문(聞)하면 지(知)로써 이(二)이다.' 어찌 감히 회(回)를 바라는가? 어찌 감히 회(回)와 견주겠는가?

子曰 자공이 거의 울상이다. 그냥 가벼운 질문인데. 그냥 친한 척 한 것 뿐인데. 물론 공자도 안다. 나도 네 마음을 안다는, 뭐 다독이는 그런 말씀이다. 참고로 공자와 안회는 안 친하다. 친(親)의 관계가 아니다. 내가 알기로 단 한번도.

弗如也 吾與女弗如也 불(弗)은 불가불(不可不). 같은 말 부득불(不得不). "하지 아니할 수 없어. 또는 마음이 내키지 아니하나 마지못하여." 불(弗)은 그냥 불(不)이 아니라 어쩔 수 없는 불(不)이다. '어쩔 수가 없다.' '그게 현실이다.' '나도 너와 같다.' 내가 이 말씀을 보기까지 상당히 오랜 시간이 걸렸다. 안회가 공자보다 유(愈)하다는 그 현실을. 유(愈)는 그냥 나은 것이 아니라 차원이 다르다는 것이다. 글자가 그렇다. 애초에 비교할 수가 없다. 애초에 그 초(初)가 다르다. 자공은 똑똑하다. 자공도 유(愈)의 뜻을 알고 물은 것이다. 거지꼴을 하고 있는 안회를 물은 것이다. 거지꼴을 하고 있는 안회의 모습과 남부러울 것이 없는 자공의 모습과 그 학(學)의 차원이 누가 더 나은가? 어떤 것이 더 나은가? 공자가 답을 애매하게 했다. '나도 너와 같다.'

그럼 선생님들의 번역으로 다시 보라.

"孔子(공자)께서 子貢(자공)에게 말씀하셨다. 너와 顔回(안회)는 누가 더 나으냐? 子貢(자공)이 대답했다. 제가 어찌 감히 顔回(안회)를 따르리이까? 顔回(안회)는 하나를 들으면 열을 알고, 저는 하나를 들으면 둘을 겨우 아나이다. 孔子(공자)께서 말씀하셨다. 그만 못하니라. 나와 너는 그만 못하니라."

"공자께서 자공에게 일러 말씀하시었다. 너와 안회, 누가 더 나으냐? 자공이 대답하였다. 제가 어찌 감히 안회를 넘나보겠습니까? 안회는 하나를 들으면 열을 알고, 저는 하나를 들으면 둘을 알 뿐이옵니다. 공자께서 말씀하시었다. 그래, 너는 안회만 같지 못하다. 그래! 나와 너 두 사람 모두 안회만 같지 못하다."

웃긴 게 뭐냐면 이걸 기록한 것이 안회이다. 안회가 옆에 있다.

公冶長 9장

宰予晝寢 子曰 朽木不可雕也 糞土之牆不可杇也 於予與何誅 子曰 始吾於人也 聽其言而信其行 今吾於人也 聽其言而觀其行 於予與改是

"宰予(재여)가 낮잠을 잘 자자, 孔子(공자)께서 말씀하셨다. 썩은 나무는 彫刻(조각)할 수 없으며, 더러운 흙으로 쌓은 담은 흙손질할 수 없는 법이니, 宰予(재여)를 꾸짖은들 무엇하랴! 孔子(공자)께서 또 말씀하셨다. 전에 나는 사람을 대함에 그의 말을 듣고 그의 행실을 믿었더니, 이제 나는 사람을 대함에 그의 말을 듣고도 그의 행실을 살피게 되었으니, 宰予(재여) 때문에 이렇게 고치게 되었도다."

"宰予(재여)가 낮잠을 자자, 공자께서 말씀하시었다. 썩은 나무는 조 각할 수가 없고, 거름흙으로 쌓은 담은 흙손질할 수가 없다. 내 재여에 대하여 뭘 꾸짖을 일이 있겠는가? 공자께서 말씀하시었다. 내가 처음에 는 남에 대하여 그의 말을 듣고 그의 행실을 믿었으나, 이제 나는 남에 대하여 그의 말을 듣고 그의 행실을 살펴보게 되었다. 나는 재여 때문 에도 이 같은 습관을 고치게 되었노라."

자왈(子曰) 시오어인야(始吾於人也) 청기언이신기행(聽其言而信其 行) 금오어인야(今吾於人也) 청기언이관기행(聽其言而觀其行) 어여여개 시(於予與改是)

공자는 재여(宰予)에게 고맙다고 해야 한다. 했는가? 반드시 해야 한 다. 이미 보지 않았는가? 이인6장 加乎其身. 이미 봤다. 종(終)을 마침 은 신중에 또 신중을 기해야 한다. 종(終)을 마침이 결코 자랑이 아니 다. 그 초(初)의 아는 척 하기는 신중히 해야 한다. 관기행(觀其行) 이것 도 보지 않았는가? 이것은 죽은 후에야 하는 것이다. 행(行)을 지(志)로 개(改)함이 더 낫다. 청(聽)도 문(聞)으로 고쳐 들어야 한다. 이 공자는 자기가 신(信)을 잘못 쓰고 남 탓을 하는 것이다.

이게 아마 시험인 듯싶다. 곳곳에 시험이 있다. 이 논어의 말씀에는. 내가 자평(自評)을 하건대 나는 60점이다. 겨우 넘었다. 부끄럽다. 선생 들이 아마 죽어라 본다면 80점은 될 것이다. 물론 선생들은 거의 죽기 로 봐야 한다. 나는 안 본다. 선생들이 본다.

솔직히 무슨 말씀이신지 잘 모르겠다. 낮잠을 좀 잤기로 좀 심하신 말씀이 아닌가? 따져 보시라.

公冶長 10장
子曰 吾未見剛者 或對曰 申棖 子曰 棖也慾 焉得剛

子曰 吾未見剛者 '나는 아직 강(剛)을 견(見)하지 못했다.' 강(剛)은 움직이지 않는 힘이고, 강(强)은 움직이는 힘이다. 움직인다는 것은 개(改)한다는 것이겠다. 개(改)는 종(終)을 다시 고치는 것이다. 의미야 따져서 보시면 되겠다. 이 오(吾)를 아직도 하느님으로 봐야 하는지 내가 잘 모르겠다. 말씀은 하느님 말씀으로 보인다.

或對曰 혹(或)은 계씨(季氏)이다. 어찌 아는가? 모른다. 그냥 버릇이다. 대(對)를 하였다. 계씨는 스스로를 강(剛)이라고 생각한다. 혹(或)이 누구이든 이 자는 스스로를 강(剛)이라 생각한다. 오(吾)는 공자이다. 하느님이 계씨와 대(對)할 일은 없다.

申棖 신(申)은 거듭 신(申). 정(棖)은 문설주 정(棖). "문짝을 끼워 달기 위하여 문의 양쪽에 세운 기둥." '문설주를 거듭하라.' '문설주를 키워라.'

子曰 棖也慾 焉得剛 '문설주야 욕(慾)한들 어찌 강(剛)을 득(得)하겠는가?'

무슨 말씀인지 모르겠다. 이것도 시험인가? 내가 강(剛)을 모르는 것은 아닌데 이 계씨와 엮이니까 잘 모르겠다. 거기서 문설주가 왜 나오나? 이 자는 강(强)을 말하는 것인가? '통을 크게 하라?' 통을 크게 하기로 어찌 강(剛)을 득(得)하겠는가? 법(法)에 없다. 사이언스에 없다. 그럼 어찌 강(剛)을 득(得)하겠는가? 사이언스에 없다니까? 그냥 생긴 대로 사는 것이다. 어쩔 수가 없다. 말이 되겠는가? 안 된다. 그럼 말을 만들어야 한다. 그것이 문(文)의 화(化)이다. 가령 강철(鋼鐵)이 강(剛)인가 강(强)인가. 쉽다. 그럼 다이아몬드는 강(剛)인가 강(强)인가. 이것도 쉽다. 다 강(强)이다. 그런데 다이아몬드는 그냥 보통 강(剛)이라고 한다. 어쩔 수가 없다. 더 강(强)한 것이 없다면. 내가 무슨 말을 하는지 모르겠다. 하여튼 이런 문제로 계씨와 같은 부류와 엮이면 안 된다는 그런 교훈만 남는다. 나머지는 나는 모르겠다.

公冶長 11장
子貢曰 我不欲人之加諸我也 吾亦欲無加諸人 子曰 賜也 非爾所及也

"子貢(자공)이 여쭈었다. 저는 남이 저에게 해롭게 하기를 원치 않듯이, 저도 남에게 해롭게 하지 않으려고 하나이다. 孔子(공자)께서 말씀하셨다. 賜(사)야, 네가 능히 할 수 있는 것이 아니니라."

"자공이 말하였다. 저는 남이 저에게 무리한 것을 강요하는 것을 원치 않습니다. 그리고 저 또한 남에게 무리한 것을 강요하는 것을 원치 않습니다. 공자께서 말씀하시었다. 사야! 그것은 네가 쉽게 미칠 수 있는 것이 아니다."

아(我)는 배타적인 아(我)이다. 오(吾)는 너를 전제하고 우리를 전제한다. 살펴보시면 되겠다. '사야, 그것은 네가 미칠 수 있는 곳이 아니다.' 네 주제 파악을 좀 해라. 자공은 공자가 사랑하는 제자이다. 자공이 아(我)를 잘못 썼다. 같이 오(吾)를 썼으면 별 문제가 없는데 그러면 또한 별 문제가 없다. 문(問)을 득(得)하는 방법은 문제를 만드는 것이다. 자공은 칭찬받아야 한다. 그런데 욕(欲)이 너무 과하다. 솔직히 이건 공자도 못한다. 나도 못한다. 내가 아는 어떠한 하느님도 내가 알기로 못한다. 따지자면 그렇다는 것이다. 자공이 시(始)를 보였는데 공자가 바로 초(初)를 쳤다. 자공은 똑똑하다. 충분히 알아들었다.

그냥 넘어가려 했는데 그냥 보자. '아(我)는 남들이 나 아닌 나를 가(加)하는 것을 바라지 않는다. 오(吾)는 또한 남들에게 그 사람이 아닌 그 사람을 가(加)하는 것을 바라지 않는다.' 해석은 이렇게 해야 한다. 번역은 모른다.

公冶長 12장
子貢曰 夫子之文章 可得而聞也 夫子之言性與天道 不可得而聞也

"子貢(자공)이 말하였다. 선생님의 文物(문물)에 대한 말씀은 들을 수 있었으나, 선생님께서 本性(본성)과 天道(천도)에 대하여 말씀하는 것은 들을 수가 없었도다."
"자공이 말하였다. 선생님의 문장은 얻어 들을 수 있으나, 선생님께서 인간의 본성과 천도를 말씀하시는 것은 얻어들을 수가 없다."

무슨 거지새끼인가. 득(得)하기로 누가 주는 것이 아니다. 득(得)은 내

가 득(得)하는 것이다. 스스로 구(求)하는 것이다. 득(得)은 답(答)이 아
니라 문(問)인 것이다. 문(問)을 득(得)하여 문(聞)할 수 있다는 말이 아
닌가. 문장(文章)은 문(問)하여 득(得)할 수 있는데 성여천도(性與天道)
는 문(問)을 득(得)할 수 없으니 문(聞)이 아니라 청(聽)이다. 답(答)이 이
미 나왔다. 부자(夫子). 공자가 부자(夫子)로 보이니 그런 것이다. 아는
만큼 보이는 것이다. 보이는 만큼 아는 것이다. 아직도 공자가 부자(夫
子)로 보이는가? 내가 보기에 공자는 하느님이다. 물론 저녁에 죽어서
하루를 못 살았지만. 공자는 하느님이다.

나는 이미 내가 약속한 쪽수를 채웠다. 그냥 막 넘긴다. 나머지는 선
생님들이 보실 것이다. 선생님들이 나보다 훨씬 더 잘 보신다. 나는 말
도 부족하고 사실 공자와 그 제자와 그 시대에 대해 잘 모른다. 선생님
들이 안 보시기로 혹은 못 보시기로 내가 다시 보는 일은 아마도 없을
것이다. 이 글이 팔리지 않는다면 아주 심각하게 고민은 하겠지만. 그렇
다면 죽어야 하는가? 아무튼 나는 오래 살기로 했다.

公冶長 13장
子路有聞 未之能行 唯恐有聞

말씀이 좀 어렵다. 유(有)는 소유(所有)의 유이다. 유(有)는 라이프이
다. 사이언스가 아니다. 자로가 말씀을 듣기는 들었다. 그 시(始)를 보았
다는 것이다. 그런데 아직 그 말씀의 종(終)을 깨우치기 전에 행(行)이
이미 능(能)함을 보았다는 것이다. 이것은 자로의 직(直)을 함께 보아야
한다. 가령 지구가 돈다는 말씀을 공자에게 들은 것이다. 자로는 직(直)

이다. 지구가 돈다는 말을 믿을 수 없다. 그러나 공자는 믿어야 한다. 왜냐하면 자로 스스로가 직(直)이고 자로가 보는 공자는 믿지 않을 수 없으니까. 그렇게 지구가 돈다는 것을 반신반의 하는 것이다. 그런데 내가 믿건 안 믿건 내가 알던 모르던 지구가 돈다는 것이다. 이것이 자로에겐 충격과 공포였다는 것이다. 그 고집하던 아(我)는 무엇인가? 자로는 스스로에 대한 자존감이 대단히 강하다. 그 자존감이 상처를 받았고 그것이 결국에 자신의 아(我)가 죽음에 이를지도 모른다는 불안감이 충격과 공포를 주었다는 것이다. 말이 부족함을 통감한다. 분명 선생님들이 더 잘 보신다. 분명하다. 부끄럽다.

公冶長 14장
子貢問曰 孔文子何以謂之文也 子曰 敏而好學 不恥下問 是以謂之文也

"子貢(자공)이 여쭈어 보았다. 孔文子(공문자)는 어찌하여 文(문)이라 부르게 되었나이까? 孔子(공자)께서 말씀하셨다. 理解(이해)가 빠르면서 배우기를 좋아하고, 아랫사람에게 묻기를 부끄러워하지 아니하였으니, 이런 까닭으로 文(문)이라 부르게 되었느니라."

"자공이 여쭈어 말씀드렸다. 孔文子(공문자)를 어찌하여 文(문)이라 시호 하였습니까? 공자께서 말씀하시었다. 영민한 사람인데도 배우기를 좋아하였으며, 아랫사람에게 묻는 것을 부끄럽게 여기지 않았다. 이런 까닭으로 문이라 일컬은 것이다."

나는 공문자(孔文子)가 누구인지 모른다. 그러면 이 말씀을 볼 수가 없다. 그래도 내가 전에는 보기는 본 것 같은데 기억이 안 난다. 충신(忠臣)이냐 간신(奸臣)이냐 그런 걸 따지는 것인 듯도 싶고. 모르겠다. 간신 같은 충신, 충신 같은 간신. 아무튼 살펴보시면 되겠다. 죄송하다. 나는 이미 쪽 수를 넘겼고 이것은 선생님들이 더 잘 보신다.

公冶長 15장

子謂子産 有君子之道四焉 其行己也恭 其事上也敬 其養民也惠 其使民也義

"孔子(공자)께서 子産(자산)을 評(평)하여 말씀하셨다. 그에게는 君子(군자)의 道(도) 네 가지가 있었으니, 行動(행동)에 있어서는 공손했으며, 윗사람을 섬김에는 공경했으며, 백성을 다스림에는 은혜로왔으며, 백성을 부림에는 義(의)로왔느니라."

"공자께서 자산을 평하시어 말씀하시었다. 군자의 도가 네 가지 있으니, 자기의 몸가짐이 공손하며, 윗사람을 섬김이 공경스러우며, 백성을 기름이 은혜로우며, 백성을 부림이 의로운 것이다."

경(敬)은 기본이 경천(敬天)이다. 나머지는 모르겠다.

公冶長 16장

子曰 晏平仲善與人交 久而敬之

"孔子(공자)께서 말씀하셨다. 晏平仲(안평중)은 사람과의 사귐을 잘하였도다. 오래 되어도 상대방을 공경하였으니."

"공자께서 말씀하시었다. 晏平仲(안평중)은 사람과 잘 사귀는 구나! 오래 사귈수록 오히려 공경하니."

경(敬)은 경천(敬天)이다. 말씀은 모르겠지만. 경(敬)은 경천(敬天)이다.

公冶長 17장
子曰 臧文仲居蔡 山節藻梲 何如其知也

"孔子(공자)께서 말씀하셨다. 臧文仲(장문중)이 蔡龜(채귀)를 간직하되, 기둥머리에 山(산)을 조각하고 대들보 동자기둥에 마름무늬를 丹靑 (단청)한 방에 모셨으니, 어찌 그를 지혜로왔다 하랴?"
"공자께서 말씀하시었다. 장문중이 큰 거북딱지를 걸어두었고, 기둥머리 두공에는 산모양을 조각하고, 들보 위 동자기둥에는 수초모양을 그렸으니, 어찌 그를 지혜롭다 하겠는가?"

지(知)는 득(得)이다. 아무튼 지(知)는 득(得)이다. 나머지는 모르겠다.

公冶長 18장
子張問曰 令尹子文三仕爲令尹 無喜色 三已之 無慍色 舊令尹之政 必以告新令尹 何如 子曰 忠矣 曰 仁矣乎 曰 未知 焉得仁
崔子弑齊君 陳文子有馬十乘 棄而違之 至於他邦 則曰 猶吾大夫崔 子也 違之 之一邦 則又曰 猶吾大夫崔子也 違之 何如 子曰 淸矣 曰 仁矣乎 曰 未知 焉得仁

"子張(자장)이 여쭈어 보았다. 楚(초)나라의 令尹(영윤) 子文(자문)이 세 차례 벼슬하여 令尹(영윤)이 되었으되 기쁜 기색이 없었으며, 세 차례 벼슬에서 물러나되 원망하는 빛이 없이 舊令尹(구영윤)의 政事(정사)를 반드시 새로 赴任(부임)한 令尹(영윤)에게 報告(보고)하였으니, 이 사람은 어떠하나이까? 孔子(공자)께서 말씀하셨다. 誠實(성실)한 사람이니라. 仁者(인자)라 할 수 있나이까? 알 수는 없거니와, 어찌 仁者(인자)일 수야 있으랴! 子張(자장)이 다시 여쭈어 보았다. 齊(제)나라의 大夫(대부) 崔子(최자)가 齊(제)나라 君主(군주)를 죽이자, 大夫(대부) 陳文子(진문자)는 가지고 있는 말 十乘(십승)의 재산을 버리고 떠났고, 다른 나라에 이르러 말하기를 여기도 우리 나라 大夫(대부) 崔子(최자)와 같다 하고 떠났으며, 다시 한 나라에 가서 또 말하기를 여기도 우리 나라 大夫(대부) 崔子(최자)와 같다 하고 떠났으니, 이 사람은 어떠하나이까? 孔子(공자)께서 말씀하셨다. 깨끗한 사람이니라. 仁者(인자)라 할 수야 있나이까? 알 수는 없거니와, 어찌 仁者(인자)일 수 있으랴!"

"자장이 여쭈었다. 영윤 자문이 세 번 벼슬하여 영윤이 되었는데도, 그때마다 기뻐하는 기색도 없었고, 세 번 벼슬을 그만두면서도 그때마다 서운해 하는 기색이 없었습니다. 그리고 자신이 맡아보던 영윤의 정사를 반드시 새로 부임해온 영윤에게 상세히 알려주었습니다. 이만하면 어떠합니까? 공자께서 말씀하시었다. 충성스럽다 할 만하다. 인하다고 할 만합니까? 하고 다시 여쭈니, 공자께서 말씀하시었다. 모르겠다. 어찌 인하다고까지야 말할 수 있으리오. 자장은 또 여쭈었다. 최자가 제나라 임금을 시해하자, 진문자는 말 10승을 소유하고 있었는데 이러한 부를 다 버리고 떠났습니다. 다른 나라에 이르러 말하기를, 이 나라 권력자들도 우리나라 대부 최자와 같다 하고 떠나버렸습니다. 다시 한 나라에 이르러 또 말하기를, 이 나라의 권력자들도 우리나라 대부 최자와 같다 하고 떠나버렸습니다. 이만하면 어떠합니까? 공자께서 말씀하시었다. 청백하다 할 만하다. 인하다고 할 만합니까? 하고 다시 여쭈니, 공자께서 말씀하시었다. 모르겠다. 어찌 인하다고까지야 말할 수 있으리오."

舊令尹之政 必以告新令尹 何如 구영윤(舊令尹)도 子文(자문)이고 신영윤(新令尹)도 子文(자문)이다. 고(告)는 고발(告發). '어떠하다 하겠는가?'

子曰 忠矣 '충(忠)이다.' 충(忠)은 학이4장 爲人謀而不忠乎 정확하게 같은 충(忠)이다. 아(我)의, 아(我)에 의한, 아(我)를 위한 충(忠)이다. 논어에 이외의 다른 충(忠)은 없다.

曰 仁矣乎 '인(仁)이라 하겠는가?' 자장(子張)이 눈을 똘망똘망 치켜뜨고 충(忠)이 아니라 인(仁)이라고 주장한다. 왈(曰)은 공자의 왈(曰)이다.

曰 未知 焉得仁 '아직 그 지(知)는 아니다. 그런데 어찌 인(仁)을 득(得)하였는가?' 자장(子張)에게는 충(忠)이 그 지(知)에 맞다. 자장은 충(忠)으로 봄이 옳다. 그런데 어찌 인(仁)을 득(得)하였는가? 자장이 혼자 문(問)하여 구(求)하였단 말인가? 그러나 아직 그 지(知)는 아니다. 그러면 무엇이란 말인가?

왈(曰) 왈(曰) 왈(曰)이 다 공자의 왈(曰)이다.

'齊(제)나라의 崔子(최자)가 군주(君主)를 시해(弑害)했다. 진문자(陳文子)는 십승(十乘)의 대부(大夫)였다. 의(義)에 동참하라. 최자에게서 연락이 왔다. 진문자는 모든 것을 버릴 각오로 따르지 않았다. 급히 이웃한 대부를 찾았다. 최자는 의롭다. 의에 동참하자. 거절했다. 돌아오는 길에 이미 병력을 출동한 한 대부를 만났다. 최자는 의롭다, 의에 동참하자. 거절했다.'

何如 '어떠하다 하겠는가?'

子曰 淸矣 '청(淸)이다.'

曰 仁矣乎 '네 눈엔 인(仁)으로 보이느냐?' 어찌 네 눈에 인(仁)으로 보이더냐?

曰 未知 焉得仁 '아직은 아니다.' '그런데 어찌 인(仁)을 득(得)하였는가?'

왈(曰) 왈(曰) 왈(曰)은 다 공자의 왈(曰)이다. 내정(內政)에서는 대부의 가(家)도 방(邦)이다.

公冶長 19장
季文子三思而後行 子聞之 曰 再斯可矣

"季文子(계문자)가 세 번을 생각한 다음에야 행하자, 孔子(공자)께서 이를 들으시고 말씀하셨다. 두 번이면 옳으니라."

"季文子(계문자)는 세 번 곰곰이 생각한 뒤에야 행동하였다. 공자께서 이 말을 들으시고 말씀하시었다. 두 번이면 충분하다."

季文子(계문자)는 계씨의 조상이다. 노나라에 현인(賢人) 중에 하나라고 한다. 나는 모른다. 그런데 잘 보려면 알아야 한다. 선생님들이 잘 보신다. 나는 말씀만 본다.

삼사(三思)가 삼성(三省)이다. 재차 다시 삼사(三思)하라는 말씀이다. 재(再) 재(再) 말이야 끝이 없다. 사(思)의 힘이 어떠한지 아시는가? 이것은 마치 그 지극함이 토네이도와 같다. 다 날려 버릴 수도 있다. 그러나 나의 사(思)는 그저 찻잔 속의 태풍. 나는 다만 그 폼을 안다.

公冶長 20장
子曰 甯武子 邦有道 則知 邦無道 則愚 其知可及 其愚不可及也

"孔子(공자)께서 말씀하셨다. 甯武子(영무자)는 나라에 道(도)가 있으면 지혜로왔고, 나라에 道(도)가 없으면 愚直(우직)하였으니, 그 지혜는 따를 수 있어도 그 어리석음은 따를 수 없느니라."
"공자께서 말씀하시었다. 甯武子(녕무자)는 나라에 도가 있을 때는 지혜롭고, 나라에 도가 없을 때는 어리석었다. 그 지혜로움을 따를 수 있으나, 그 어리석음은 따르기 어렵다."

나는 어려워 모르겠다. 선생님들이 보신다. 미안하고 죄송하다.

公冶長 21장

子在陳 曰 歸與歸與 吾黨之小子狂簡 斐然成章 不知所以裁之

'죽어야 하는가? 죽어야 하는가?' 공자님께서 그야말로 돌아가시겠단다.

진(陳)은 진중(陣中). 시험 중이다. 시험은 전쟁이다. 아니겠는가?

오당지(吾黨之) 소자(小子)들이 그야말로 미치도록 공부를 한단다. 광(狂)은 미칠 광(狂). 간(簡)은 죽간(竹簡). 말씀들이 그야말로 청산유수(靑山流水)란다. 그런데 이 소자(小子)들이 싹수가 없다 하시네? 그러면 잘라 버려야 한다. 무(無)쓸모. 공야장18장 자장님의 말씀으로 이미 보았다. 자장을 죽이겠는가? 나는 죽인다. 그가 자장이든 공자이든 나는 죽인다. 아니면 내가 죽는다. 내가 살자면 어쩔 수가 없다. 복수는 나중에 아주 나중에 내가 기껍게 맞을 것이다.

公冶長 22장

子曰 伯夷叔齊不念舊惡 怨是用希

나는 내가 어떻게 죽을까를 고민한 적이 있다. 나는 나의 배를 칼로 가를 수 있다. 아프지 않을까? 그냥 목을 매자. 그런데 이것은 너무 추하다. 그래서 생각해 낸 것이 굶어 죽는 것이다. 나는 굶어 죽기로 했다. 不念舊惡 怨是用希 이것이 나의 미래일지도 모른다. 구악(舊惡)의 주체는 백이숙제(伯夷叔齊)이다. 지들이 지들 잘못을 염(念)하지 않았다는 것이다. 지들이 잘못한 것은 생각지 않고 남 탓을 한다는 것이다.

그러면서 하는 말이 뱁새들이 어찌 봉황의 뜻을 알까. 내 얘기일지도 모른다. 부끄럽다. 쪽팔린다. 그만 봐야겠다.

公冶長 23장
子曰 孰謂微生高直 或乞醯焉 乞諸其鄰而與之

위(謂)는 보증하는 것이다. 그런데 미생고(微生高)가 누구인지 또 아는 게 없단다. 할 말이 없다. 도무지 경(敬)을 모르는 까닭이다. 하늘을 좀 두려워하면서 사시라. 그저 사흘이 멀다 하고 피를 봐야 인간들은 하늘을 두려워한다. 부끄럽다.

子曰 孰謂微生高直 '누가 미생(微生)을 일컬어 높고 곧다 하는가?'

或乞醯焉 '혹 술을 마신 것인가?' 걸(乞)은 빌 걸(乞). 혜(醯)는 식혜 혜(醯). 혜(醯)는 식초가 아니라 소주로 봐야 한다. 증류주. 독한 술이다. 글자가 그렇지 않은가. 걸(乞). '혹 술기운을 빌어서 하는 말인가?'

乞諸其鄰而與之 '술기운을 빌어 하는 말은 그 이웃들이 다 그렇다고 더불어 한다.'

시험이다. 혹(或)은 누구인가? 너무 쉽다. 직(直)은 자로(子路)이다. 자로가 공자에게 사랑 고백을 한 것이다. 술기운을 빌어서. 공자가 나도 그렇다 하였다. 그런데 다음날 거절한 것이다. 쪽팔린다. 그래도 상관없다. 어차피 자로에겐 짝사랑이다. 그것으로 충분하다. 바라보는 것만으로.

뭐 좀 낭만적인 그런 말씀이 아닌가 싶다. 따지자면 지금이 그렇게 한가할 때인가? 미쳤는가? 미치지는 않았다. 만약 이것이 죽음의 도(道)라면. 공자는 혼자 죽기로 한 것이다. 그런데 공자는 예수가 아니다. 분명하다. 꿈 깨라. 술은 내가 먹었다. 그래서 글이 횡설수설하다. 미안하다.

公冶長 24장
子曰 巧言令色足恭 左丘明恥之 丘亦恥之 匿怨而友其人 左丘明恥之 丘亦恥之

쪽팔리는 말씀이다. 내가 이런 글은 보고 싶지가 않다. 그래도 보자.

巧言令色足恭 '교언영색(巧言令色)은 공(恭)을 족(足)한다.' 공(恭)은 공손(恭遜). 공경(恭敬).

左丘明恥之 '좌구(左丘)가 교언영색(巧言令色)의 공(恭)을 부끄럽게 생각하는 것은 분명하다.' 구(丘)는 공자의 명(名)이다. 좌구(左丘)는 라이프의 공자이다.

丘亦恥之 '구(丘) 또한 그것을 부끄럽게 생각한다.'

匿怨而友其人 '원(怨)을 감추고 그 사람들과 그러니까 타인(他人)들과 우(友)하는 것이다.'

左丘明恥之 '좌구(左丘)가 그것을 부끄럽게 생각하는 것은 분명하다.'

丘亦恥之 '구(丘) 또한 그것을 부끄럽게 생각한다.'

이게 뭔 소리인가? 다른 소리가 아니다. 그냥 인(忍)한다는 것이다. 그럼 내 말이 맞지 않는가? 인(仁)은 그냥 인(忍)이다. 물론 따져야 할 것이 아주 또 많다. 그러나 일단은 인(仁)은 인(忍)이다. 나중은 또 나중에 보자.

公冶長 25장
顔淵季路侍 子曰 盍各言爾志 子路曰 願車馬衣輕裘與朋友共敝之
而無憾 顔淵曰 願無伐善 無施勞 子路曰 願聞子之志 子曰 老者安之
朋友信之 少者懷之

"顔淵(안연)과 子路(자로)가 스승을 모시고 한자리에 있더니, 孔子(공자)께서 말씀하셨다. 너희의 희망을 각기 말해 보지 않겠느냐? 子路(자로)가 말씀드렸다. 원컨대 저는 수레와 말과 옷과 가벼운 털가죽옷을 친구와 함께 쓰다가 그것이 헐어져도 섭섭해하지 않는 사람이 되었으면 하나이다. 顔淵(안연)이 말씀드렸다. 원컨대 저는 착한 일을 하고도 자랑하지 않고, 功勞(공로)를 세우고도 드러내지 않는 사람이 되었으면 하나이다. 子路(자로)가 여쭈었다. 원컨대 선생님의 희망을 들었으면 하나이다. 孔子(공자)께서 말씀하셨다. 나는 늙은이들을 편안히 해 주고, 벗을 信義(신의)로 사귀며, 젊은이들을 사랑으로 감싸 주는 사람이 되고 싶으니라."

"안연과 계로가 공자를 모시고 있었다. 공자께서 말씀하시었다. 제각기 품고 있는 뜻을 한번 말해보지 않으련? 자로가 말하였다. 원컨대, 수레와 말, 웃도리와 값비싼 가벼운 가죽외투를 친구와 함께 쓰다가, 다 헤지

더라도 유감이 없고자 하옵니다. 안연이 말하였다. 원컨대, 잘함을 자랑 치 아니하고, 공로를 드러내지 아니하고자 하옵니다. 자로가 말하였다. 이 제는 선생님의 뜻을 듣고자 하옵니다. 공자께서 말씀하시었다. 늙은이로 부터는 편안하게 느껴질 수 있으며 친구로부터는 믿음직스럽게 여겨지며, 젊은이로부터는 그리움의 대상이 되는 그런 인간이 되고 싶다."

이것이 유가(儒家)의 최후의 만찬이다. 그런데 예수와 다른 것은 공자 가 아니라 자로와 안회가 죽었다. 물론 죽을 때가 돼서 죽은 것이다. 그 것은 예수와 같다.

顔淵季路侍 안회(顔回)는 성(姓)이 안(顔)이고 명(名)이 회(回)이다. 연(淵)은 자(字)이다. 그럼 성(姓)과 자(字)를 함께 쓰니 이것이 무엇인 가? 내가 한 말이 있는데? 부끄럽다. 하여튼 내가 잘 모르고 한 말이다. 죄송하다. 그러나 그럼에도 안연이 가문에 똥칠을 하는 것은 마찬가지 이다. 내가 보기엔 그렇다. 계로(季路)는 자로(子路)인가? 그대가 베드로 인가? 어찌 개명을 하였는가? 그럼 성(姓)이 계(季)이고 자(字)가 로(路) 이다. 그대들은 죽을 것이다.

子曰 盍各言爾志 '선생과 제자를 떠나서 너희의 지(志)를 말해 보라.' 지(志)는 성질(性質)이다. 이것은 마치 나침반이 남과 북을 가리키는 것 과도 같다. 인간들은 각기 아(我)의 나침반을 갖는다. 그것으로 길을 찾 는 것이다. 그러니까 질(質)의 문제이겠다. 저질(低質)은 아침저녁 다르 고 하루하루 다르고 시시각각 다르다. 종잡을 수가 없다. 뛰어난 인간이 라 할지라도 서북쪽이거나 동북쪽을 북이라 고집한다. 다만 그 움직임

이 덜할 뿐이다. 질(質)의 문제를 따지지 않는다면 아무 문제없다. 동쪽도 북이고 서쪽도 북이고 사방이 다 북이다. 길은 어디에나 있는 것이다. 그러나 사람이 되자는 것이다. 사람의 도(道)를 가자는 것이다. 그것은 그 방향성이 오직 하나이다. 그 도(道)는 하나이다.

子路曰 願車馬衣輕裘與朋友共敝之而無憾 자로가 말하였다. 나는 원한다. 차(車)는 전차(戰車)이다. 경구(輕裘)는 가벼운 갑옷이다. 무거운 갑옷이 나의 안전을 도모하지만 움직임이 둔하다. 붕우(朋友)와 그 지(志)를 공(共)할 수 있다면. 나의 가벼운 갑옷이 베어진다 할지라도. 나는 여한(餘恨)이 없을 것이다.

顏淵曰 願無伐善 無施勞 안연이 말하였다. 나는 원한다. 나의 지(志)가 가리키는 선(善)을, 하나도 저버리지 않기를. 그 끊임없이 찾아오는 노고(勞苦)를, 힘들다 하지 않기를. 나는 원한다.

子路曰 願聞子之志 자로가 말하였다. 나는 원한다. 당신이 나의 지(志)를 공(共)할 수 있겠는가? 나는 문(聞)하기를 원한다. 나는 문(問)하기를 구(求)한다. 말해 보라.

子曰 老者安之 朋友信之 少者懷之 공자가 말하였다. 나는 원한다. 노자(老者)는 나를 통해 안(安)하고, 붕우(朋友)는 나를 통해 신(信)하며, 소자(少者)는 나를 통해 회(懷)하기를. 나는 원한다.

그대는 이제 자로(子路)가 아니라 계로(季路)라 하리라. 자로는 기쁘다. 안회는 슬프다. 그래도 기쁘게 죽으라. 건방이 하늘을 찌른다. 어찌 오래 살기를 바라겠는가.

顔淵季路侍 계로(季路)는 늙은 자로(子路)로 봄이 옳다. 시(侍)는 모실 시(侍). 시중들다. 자로가 지금 시중들 짬밥은 아닌 것이다. 그럼에도 불구하고 시중들고 있다는 것이다. 그러나 나는 자로가 개명하였다고, 그렇게 보기를 원한다.

公冶長 26장
子曰 已矣乎 吾未見能見其過而內自訟者也

'이미 길을 찾았다고 생각하는가? 나는 아직 견(見)하지 못했다. 그 과(過)의 길을 스스로 송사(訟事)하여 능(能)히 그 길을 견(見)하는 자를. 나는 아직 견(見)하지 못했다.'

다 봤다. 27장도 봐야 하나? 잔소리. 부끄럽지만 내가 아직 이 하느님을 견(見)하지 못했다. 그럼 보자.

公冶長 27장
子曰 十室之邑 必有忠信如丘者焉 不如丘之好學也

十室之邑 십실(十室)은 리(里)이다. 그것도 작은 리(里)이다. 그런데 읍(邑)이라 했다. 그럼 이것은 산간(山間) 오지(奧地)이다. 필(必)을 함부로 쓰면 오래 못 산다. 산간 오지에도 구(丘)와 같은 충(忠)과 신(信)의

인간이 있다고 하더라도. 호학(好學)은 그냥 교(敎)이다. 이미 보지 않았나? 글자가 그런 것이다. 구(丘)의 교(敎)만 못하다. 산간 오지에도 구(丘)와 같은 충(忠)과 신(信)의 인간이 반드시 있다는 것은, 읍내(邑內)에는 그야말로 구(丘)와 같은 충(忠)과 신(信)이 널려 자빠져 있다는 것이다. 그래도 구(丘)의 교(敎)만 못하다.

건투를 빈다.